"铁路安全管理条例"学习手册

—— 铁路工程建设质量安全

中国铁道出版社

图书在版编目（CIP）数据

"铁路安全管理条例"学习手册：铁路工程建设质量安全 /《"铁路安全管理条例"学习手册——铁路工程建设质量安全》编委会编．—北京：中国铁道出版社，2014.3
ISBN 978-7-113-17925-0

Ⅰ．①铁…　Ⅱ．①中…　Ⅲ．①铁路工程－工程质量－质量管理－条例－中国－学习参考资料　Ⅳ．①D922.296.4

中国版本图书馆 CIP 数据核字（2014）第 000318 号

书　　名：“铁路安全管理条例”学习手册——铁路工程建设质量安全
作　　者：《“铁路安全管理条例”学习手册——铁路工程建设质量安全》编委会

责任编辑：曹艳芳　　　　编辑部电话：010-51873017
编辑助理：王　健　张卫晓
封面设计：王镜夷
责任校对：龚长江
责任印制：郭向伟

出版发行：中国铁道出版社（100054，北京市西城区右安门西街 8 号）
网　　址：http://www.tdpress.com
印　　刷：北京精彩雅恒印刷有限公司
版　　次：2014 年 3 月第 1 版　2014 年 3 月第 1 次印刷
开　　本：787 mm×960 mm　1/16　印张：10　字数：200 千
书　　号：ISBN 978-7-113-17925-0
定　　价：26.00 元

2014年 甲午马年

1

一	二	三	四	五	六	日
		1 元旦	2 初二	3 初三	4 初四	5 小寒
6 初六	7 初七	8 初八	9 初九	10 初十	11 十一	12 十二
13 十三	14 十四	15 十五	16 十六	17 十七	18 十八	19 十九
20 大寒	21 廿一	22 廿二	23 廿三	24 廿四	25 廿五	26 廿六
27 廿七	28 廿八	29 廿九	30 除夕	31 春节		

2

一	二	三	四	五	六	日
					1 初二	2 初三
3 初四	4 立春	5 初六	6 初七	7 初八	8 初九	9 初十
10 十一	11 十二	12 十三	13 十四	14 元宵节	15 十六	16 十七
17 十八	18 十九	19 雨水	20 廿一	21 廿二	22 廿三	23 廿四
24 廿五	25 廿六	26 廿七	27 廿八	28 廿九		

3

一	二	三	四	五	六	日
					1 二月大	2 初二
3 初三	4 初四	5 初五	6 惊蛰	7 初七	8 妇女节	9 初九
10 初十	11 十一	12 十二	13 十三	14 十四	15 十五	16 十六
17 十七	18 十八	19 十九	20 二十	21 春分	22 廿二	23 廿三
24 廿四	25 廿五	26 廿六	27 廿七	28 廿八	29 廿九	30 三十
31 三月小						

4

一	二	三	四	五	六	日
	1 初二	2 初三	3 初四	4 初五	5 清明	6 初七
7 初八	8 初九	9 初十	10 十一	11 十二	12 十三	13 十四
14 十五	15 十六	16 十七	17 十八	18 十九	19 二十	20 谷雨
21 廿二	22 廿三	23 廿四	24 廿五	25 廿六	26 廿七	27 廿八
28 廿九	29 四月大	30 初二				

5

一	二	三	四	五	六	日
			1 劳动节	2 初四	3 初五	4 青年节
5 立夏	6 初八	7 初九	8 初十	9 十一	10 十二	11 十三
12 十四	13 十五	14 十六	15 十七	16 十八	17 十九	18 二十
19 廿一	20 廿二	21 小满	22 廿四	23 廿五	24 廿六	25 廿七
26 廿八	27 廿九	28 三十	29 五月小	30 初二	31 初三	

6

一	二	三	四	五	六	日
						1 儿童节
2 端午节	3 初六	4 初七	5 初八	6 芒种	7 初十	8 十一
9 十二	10 十三	11 十四	12 十五	13 十六	14 十七	15 十八
16 十九	17 二十	18 廿一	19 廿二	20 廿三	21 夏至	22 廿五
23 廿六	24 廿七	25 廿八	26 廿九	27 六月大	28 初二	29 初三
30 初四						

7

一	二	三	四	五	六	日
	1 建党节	2 初六	3 初七	4 初八	5 初九	6 初十
7 小暑	8 十二	9 十三	10 十四	11 十五	12 十六	13 十七
14 十八	15 十九	16 二十	17 廿一	18 廿二	19 廿三	20 廿四
21 廿五	22 廿六	23 大暑	24 廿八	25 廿九	26 三十	27 七月小
28 初二	29 初三	30 初四	31 初五			

8

一	二	三	四	五	六	日
				1 建军节	2 初七	3 初八
4 初九	5 初十	6 十一	7 立秋	8 十三	9 十四	10 十五
11 十六	12 十七	13 十八	14 十九	15 二十	16 廿一	17 廿二
18 廿三	19 廿四	20 廿五	21 廿六	22 廿七	23 处暑	24 廿九
25 八月大	26 初二	27 初三	28 初四	29 初五	30 初六	31 初七

9

一	二	三	四	五	六	日
1 初八	2 初九	3 初十	4 十一	5 十二	6 十三	7 十四
8 中秋节	9 十六	10 教师节	11 十八	12 十九	13 二十	14 廿一
15 廿二	16 廿三	17 廿四	18 廿五	19 廿六	20 廿七	21 廿八
22 廿九	23 秋分	24 九月大	25 初二	26 初三	27 初四	28 初五
29 初六	30 初七					

10

一	二	三	四	五	六	日
		1 国庆节	2 初九	3 初十	4 十一	5 十二
6 十三	7 十四	8 寒露	9 十六	10 十七	11 十八	12 十九
13 二十	14 廿一	15 廿二	16 廿三	17 廿四	18 廿五	19 廿六
20 廿七	21 廿八	22 廿九	23 霜降	24 闰九月小	25 初二	26 初三
27 初四	28 初五	29 初六	30 初七	31 初八		

11

一	二	三	四	五	六	日
					1 初九	2 初十
3 十一	4 十二	5 十三	6 十四	7 立冬	8 十六	9 十七
10 十八	11 十九	12 二十	13 廿一	14 廿二	15 廿三	16 廿四
17 廿五	18 廿六	19 廿七	20 廿八	21 廿九	22 十月大	23 初二
24 初三	25 初四	26 初五	27 初六	28 初七	29 初八	30 初九

12

一	二	三	四	五	六	日
1 初十	2 十一	3 十二	4 十三	5 十四	6 十五	7 大雪
8 十七	9 十八	10 十九	11 二十	12 廿一	13 廿二	14 廿三
15 廿四	16 廿五	17 廿六	18 廿七	19 廿八	20 廿九	21 三十
22 冬至	23 初二	24 初三	25 初四	26 初五	27 初六	28 初七
29 初八	30 初九	31 初十				

2015年　乙未羊年

1

一	二	三	四	五	六	日
			1 元旦	2 十二	3 十三	4 十四
5 十五	6 小寒	7 十七	8 十八	9 十九	10 二十	11 廿一
12 廿二	13 廿三	14 廿四	15 廿五	16 廿六	17 廿七	18 廿八
19 廿九	20 大寒	21 初二	22 初三	23 初四	24 初五	25 初六
26 初七	27 初八	28 初九	29 初十	30 十一	31 十二	

2

一	二	三	四	五	六	日
						1 十三
2 十四	3 十五	4 立春	5 十七	6 十八	7 十九	8 二十
9 廿一	10 廿二	11 廿三	12 廿四	13 廿五	14 廿六	15 廿七
16 廿八	17 廿九	18 除夕	19 春节	20 初二	21 初三	22 初四
23 初五	24 初六	25 初七	26 初八	27 初九	28 初十	

3

一	二	三	四	五	六	日
						1 十一
2 十二	3 十三	4 十四	5 元宵节	6 惊蛰	7 十七	8 妇女节
9 十九	10 二十	11 廿一	12 廿二	13 廿三	14 廿四	15 廿五
16 廿六	17 廿七	18 廿八	19 廿九	20 二月大	21 初二	22 初三
23 初四	24 初五	25 初六	26 初七	27 初八	28 初九	29 初十
30 十一	31 十二					

4

一	二	三	四	五	六	日
		1 十三	2 十四	3 十五	4 十六	5 清明
6 十八	7 十九	8 二十	9 廿一	10 廿二	11 廿三	12 廿四
13 廿五	14 廿六	15 廿七	16 廿八	17 廿九	18 三十	19 三月小
20 谷雨	21 初三	22 初四	23 初五	24 初六	25 初七	26 初八
27 初九	28 初十	29 十一	30 十二			

5

一	二	三	四	五	六	日
				1 劳动节	2 十四	3 十五
4 青年节	5 十七	6 立夏	7 十九	8 二十	9 廿一	10 廿二
11 廿三	12 廿四	13 廿五	14 廿六	15 廿七	16 廿八	17 廿九
18 四月小	19 初二	20 初三	21 小满	22 初五	23 初六	24 初七
25 初八	26 初九	27 初十	28 十一	29 十二	30 十三	31 十四

6

一	二	三	四	五	六	日
1 儿童节	2 十六	3 十七	4 十八	5 十九	6 芒种	7 廿一
8 廿二	9 廿三	10 廿四	11 廿五	12 廿六	13 廿七	14 廿八
15 廿九	16 五月大	17 初二	18 初三	19 初四	20 端午节	21 初六
22 夏至	23 初八	24 初九	25 初十	26 十一	27 十二	28 十三
29 十四	30 十五					

7

一	二	三	四	五	六	日
		1 建党节	2 十七	3 十八	4 十九	5 二十
6 廿一	7 小暑	8 廿三	9 廿四	10 廿五	11 廿六	12 廿七
13 廿八	14 廿九	15 三十	16 六月小	17 初二	18 初三	19 初四
20 初五	21 初六	22 初七	23 大暑	24 初九	25 初十	26 十一
27 十二	28 十三	29 十四	30 十五	31 十六		

8

一	二	三	四	五	六	日
					1 建军节	2 十八
3 十九	4 二十	5 廿一	6 廿二	7 廿三	8 立秋	9 廿五
10 廿六	11 廿七	12 廿八	13 廿九	14 七月大	15 初二	16 初三
17 初四	18 初五	19 初六	20 初七	21 初八	22 初九	23 处暑
24 十一	25 十二	26 十三	27 十四	28 十五	29 十六	30 十七
31 十八						

9

一	二	三	四	五	六	日
	1 十九	2 二十	3 廿一	4 廿二	5 廿三	6 廿四
7 廿五	8 白露	9 廿七	10 教师节	11 廿九	12 三十	13 八月大
14 初二	15 初三	16 初四	17 初五	18 初六	19 初七	20 初八
21 初九	22 初十	23 秋分	24 十二	25 十三	26 十四	27 中秋节
28 十六	29 十七	30 十八				

10

一	二	三	四	五	六	日
			1 国庆节	2 二十	3 廿一	4 廿二
5 廿三	6 廿四	7 廿五	8 寒露	9 廿七	10 廿八	11 廿九
12 三十	13 九月大	14 初二	15 初三	16 初四	17 初五	18 初六
19 初七	20 初八	21 初九	22 初十	23 十一	24 霜降	25 十三
26 十四	27 十五	28 十六	29 十七	30 十八	31 十九	

11

一	二	三	四	五	六	日
						1 二十
2 廿一	3 廿二	4 廿三	5 廿四	6 廿五	7 廿六	8 立冬
9 廿八	10 廿九	11 三十	12 十月小	13 初二	14 初三	15 初四
16 初五	17 初六	18 初七	19 初八	20 初九	21 初十	22 小雪
23 十二	24 十三	25 十四	26 十五	27 十六	28 十七	29 十八
30 十九						

12

一	二	三	四	五	六	日
	1 二十	2 廿一	3 廿二	4 廿三	5 廿四	6 廿五
7 大雪	8 廿七	9 廿八	10 廿九	11 十一月大	12 初二	13 初三
14 初四	15 初五	16 初六	17 初七	18 初八	19 初九	20 初十
21 十一	22 冬至	23 十三	24 十四	25 十五	26 十六	27 十七
28 十八	29 十九	30 二十	31 廿一			

2016年 丙申猴年

1

一	二	三	四	五	六	日
				1 元旦	2 廿三	3 廿四
4 廿五	5 廿六	6 小寒	7 廿八	8 廿九	9 三十	10 十二月小
11 初二	12 初三	13 初四	14 初五	15 初六	16 初七	17 初八
18 初九	18 初十	20 大寒	21 十二	22 十三	23 十四	24 十五
25 十六	26 十七	27 十八	28 十九	29 二十	30 廿一	31 廿二

2

一	二	三	四	五	六	日
1 廿三	2 廿四	3 廿五	4 立春	5 廿七	6 廿八	7 除夕
8 春节	9 初二	10 初三	11 初四	12 初五	13 初六	14 初七
15 初八	16 初九	17 初十	18 十一	19 雨水	20 十三	21 十四
22 元宵节	23 十六	24 十七	25 十八	26 十九	27 二十	28 廿一
29 廿二						

3

一	二	三	四	五	六	日
	1 廿三	2 廿四	3 廿五	4 廿六	5 惊蛰	6 廿八
7 廿九	8 妇女节	9 二月小	10 初二	11 初三	12 初四	13 初五
14 初六	15 初七	16 初八	17 初九	18 初十	19 十一	20 春分
21 十三	22 十四	23 十五	24 十六	25 十七	26 十八	27 十九
28 二十	29 廿一	30 廿二	31 廿三			

4

一	二	三	四	五	六	日
				1 廿四	2 廿五	3 廿六
4 清明	5 廿八	6 廿九	7 三月大	8 初二	9 初三	10 初四
11 初五	12 初六	13 初七	14 初八	15 初九	16 初十	17 十一
18 十二	19 谷雨	20 十四	21 十五	22 十六	23 十七	24 十八
25 十九	26 二十	27 廿一	28 廿二	29 廿三	30 廿四	

5

一	二	三	四	五	六	日
						1 劳动节
2 廿六	3 廿七	4 青年节	5 立夏	6 三十	7 四月小	8 初二
9 初三	10 初四	11 初五	12 初六	13 初七	14 初八	15 初九
16 初十	17 十一	18 十二	19 十三	20 小满	21 十五	22 十六
23 十七	24 十八	25 十九	26 二十	27 廿一	28 廿二	29 廿三
30 廿四	31 廿五					

6

一	二	三	四	五	六	日
		1 儿童节	2 廿七	3 廿八	4 廿九	5 五月小
6 初二	7 初三	8 初四	9 端午节	10 初六	11 初七	12 初八
13 初九	14 初十	15 十一	16 十二	17 十三	18 十四	19 十五
20 十六	21 夏至	22 十八	23 十九	24 二十	25 廿一	26 廿二
27 廿三	28 廿四	29 廿五	30 廿六			

7

一	二	三	四	五	六	日
				1 廿四	2 廿八	3 廿九
4 六月大	5 初二	6 初三	7 小暑	8 初五	9 初六	10 初七
11 初八	12 初九	13 初十	14 十一	15 十二	16 十三	17 十四
18 十五	19 十六	20 十七	21 十八	22 十四	23 二十	24 廿一
25 廿二	26 廿三	27 廿四	28 廿五	29 廿六	30 廿七	31 廿八

8

一	二	三	四	五	六	日
1 建军节	2 三十	3 七月小	4 初二	5 初三	6 初四	7 立秋
8 初六	9 初七	10 初八	11 初九	12 初十	13 十一	14 十二
15 十三	16 十四	17 十五	18 十六	19 十七	20 十八	21 十九
22 二十	23 处暑	24 廿二	25 廿三	26 廿四	27 廿五	28 廿六
29 廿七	30 廿八	31 廿九				

9

一	二	三	四	五	六	日
			1 八月大	2 初二	3 初三	4 初四
5 初五	6 初六	7 白露	8 初八	9 初九	10 教师节	11 十一
12 十二	13 十三	14 十四	15 中秋节	16 十六	17 十七	18 十八
19 十九	20 二十	21 廿一	22 秋分	23 廿三	24 廿四	25 廿五
26 廿六	27 廿七	28 廿八	29 廿九	30 三十		

10

一	二	三	四	五	六	日
					1 国庆节	2 初二
3 初三	4 初四	5 初五	6 初六	7 初七	8 寒露	9 初九
10 初十	11 十一	12 十二	13 十三	14 十四	15 十五	16 十六
17 十七	18 十八	19 十九	20 二十	21 廿一	22 廿二	23 霜降
24 廿四	25 廿五	26 廿六	27 廿七	28 廿八	29 廿九	30 三十
31 十月小						

11

一	二	三	四	五	六	日
	1 初二	2 初三	3 初四	4 初五	5 初六	6 初七
7 立冬	8 初九	9 初十	10 十一	11 十二	12 十三	13 十四
14 下元节	15 十六	16 十七	17 十八	18 十九	19 二十	20 廿一
21 廿二	22 小雪	23 廿四	24 廿五	25 廿六	26 廿七	27 廿八
28 廿九	29 十一月大	30 初二				

12

一	二	三	四	五	六	日
			1 初三	2 初四	3 初五	4 初六
5 初七	6 初八	7 大雪	8 初十	9 十一	10 十二	11 十三
12 十四	13 十五	14 十六	15 十七	16 十八	17 十九	18 二十
19 廿一	20 廿二	21 冬至	22 廿四	23 廿五	24 廿六	25 廿七
26 廿八	27 廿九	28 三十	29 十二月大	30 初二	31 初三	

2017年 丁酉鸡年

1

一	二	三	四	五	六	日
						1 元旦
2 初五	3 初六	4 初七	5 初八	6 初九	7 初十	8 十一
9 十二	10 十三	11 十四	12 十五	13 十六	14 十七	15 十八
16 十九	17 二十	18 廿一	19 廿二	20 廿三	21 廿四	22 廿五
23 廿六	24 廿七	25 廿八	26 廿九	27 除夕	28 春节	29 初二
30 初三	31 初四					

2

一	二	三	四	五	六	日
		1 初五	2 初六	3 立春	4 初八	5 初九
6 初十	7 十一	8 十二	9 十三	10 十四	11 元宵节	12 十六
13 十七	14 十八	15 十九	16 二十	17 廿一	18 雨水	19 廿三
20 廿四	21 廿五	22 廿六	23 廿七	24 廿八	25 廿九	26 二月大
27 初二	28 初三					

3

一	二	三	四	五	六	日
		1 初四	2 初五	3 初六	4 初七	5 惊蛰
6 初九	7 初十	8 妇女节	9 十二	10 十三	11 十四	12 十五
13 十六	14 十七	15 十八	16 十九	17 二十	18 廿一	19 廿二
20 春分	21 廿四	22 廿五	23 廿六	24 廿七	25 廿八	26 廿九
27 三十	28 三月小	29 初二	30 初三	31 初四		

4

一	二	三	四	五	六	日
					1 初五	2 初六
3 初七	4 清明	5 初九	6 初十	7 十一	8 十二	9 十三
10 十四	11 十五	12 十六	13 十七	14 十八	15 十九	16 二十
17 廿一	18 廿二	19 廿三	20 谷雨	21 廿五	22 廿六	23 廿七
24 廿八	25 廿九	26 四月大	27 初二	28 初三	29 初四	30 初五

5

一	二	三	四	五	六	日
1 劳动节	2 初七	3 初八	4 青年节	5 立夏	6 十一	7 十二
8 十三	9 十四	10 十五	11 十六	12 十七	13 十八	14 十九
15 二十	16 廿一	17 廿二	18 廿三	19 廿四	20 廿五	21 小满
22 廿七	23 廿八	24 廿九	25 三十	26 五月小	27 初二	28 初三
29 初四	30 端午节	31 初六				

6

一	二	三	四	五	六	日
			1 儿童节	2 初八	3 初九	4 初十
5 十一	6 十二	7 十三	8 十四	9 十五	10 十六	11 十七
12 十八	13 十九	14 二十	15 廿一	16 廿二	17 廿三	18 廿四
19 廿五	20 廿六	21 夏至	22 廿八	23 廿九	24 六月小	25 初二
26 初三	27 初四	28 初五	29 初六	30 初七		

7

一	二	三	四	五	六	日
					1 建党节	2 初九
3 初十	4 十一	5 十二	6 十三	7 小暑	8 十五	9 十六
10 十七	11 十八	12 十九	13 二十	14 廿一	15 廿二	16 廿三
17 廿四	18 廿五	19 廿六	20 廿七	21 廿八	22 大暑	23 闰六月大
24 初二	25 初三	26 初四	27 初五	28 初六	29 初七	30 初八
31 初九						

8

一	二	三	四	五	六	日
	1 建军节	2 十一	3 十二	4 十三	5 十四	6 十五
7 立秋	8 十七	9 十八	10 十九	11 二十	12 廿一	13 廿二
14 廿三	15 廿四	16 廿五	17 廿六	18 廿七	19 廿八	20 廿九
21 三十	22 七月小	23 处暑	24 初三	25 初四	26 初五	27 初六
28 初七	29 初八	30 初九	31 初十			

9

一	二	三	四	五	六	日
				1 十一	2 十二	3 十三
4 十四	5 十五	6 十六	7 白露	8 十八	9 十九	10 教师节
11 廿一	12 廿二	13 廿三	14 廿四	15 廿五	16 廿六	17 廿七
18 廿八	19 廿九	20 八月大	21 初二	22 初三	23 秋分	24 初五
25 初六	26 初七	27 初八	28 初九	29 初十	30 十一	

10

一	二	三	四	五	六	日
						1 国庆节
2 十三	3 十四	4 中秋节	5 十六	6 十七	7 十八	8 寒露
9 二十	10 廿一	11 廿二	12 廿三	13 廿四	14 廿五	15 廿六
16 廿七	17 廿八	18 廿九	19 三十	20 九月小	21 初二	22 初三
23 霜降	24 初五	25 初六	26 初七	27 初八	28 初九	29 初十
30 十一	31 十二					

11

一	二	三	四	五	六	日
		1 十三	2 十四	3 十五	4 十六	5 十七
6 十八	7 立冬	8 二十	9 廿一	10 廿二	11 廿三	12 廿四
13 廿五	14 廿六	15 廿七	16 廿八	17 廿九	18 十月大	19 初二
20 初三	21 初四	22 小雪	23 初六	24 初七	25 初八	26 初九
27 初十	28 十一	29 十二	30 十三			

12

一	二	三	四	五	六	日
				1 十四	2 十五	3 十六
4 十七	5 十八	6 十九	7 大雪	8 廿一	9 廿二	10 廿三
11 廿四	12 廿五	13 廿六	14 廿七	15 廿八	16 廿九	17 三十
18 十一月大	19 初二	20 初三	21 初四	22 冬至	23 初六	24 初七
25 初八	26 初九	27 初十	28 十一	29 十二	30 十三	31 十四

电气设备或线路发生火情时，应首先切断电源，在未切断电源之前，严禁身体接触导线或电气设备，严禁用水灭火。

不得在外电架空线路正下方搭设作业棚、建造生活设施或堆放构件、材料及其他杂物等。

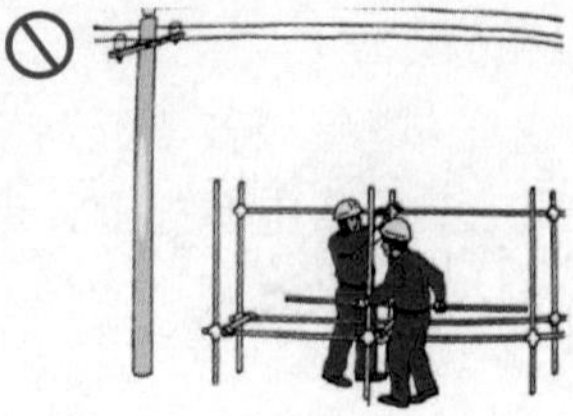

配电柜应符合下列规定：

1. 两端应做接地（接零）。
2. 名称、用途、分路应做标记。
3. 严禁直接挂接临时用电设备。
4. 配电柜或线路维修对应挂停电标志牌。

不得用翻斗车、自卸汽车、拖车、自行车、摩托车和畜力车运输爆破器材。

施工机械操作人员应体检合格，无妨碍作业的疾病和生理缺陷，并应经过专业培训、考核合格后上岗。起重机械操作人员、场内车辆驾驶员等特种作业人员应持证上岗。

土石方机械保养或检修时，除检查内燃机运行状态外，必须将内燃机熄火，并将液压系统卸荷，铲斗落地。

在向自卸汽车装料时，铲斗不得在汽车驾驶室上方越过。

作业过程中，乙炔瓶必须直立放置，氧气瓶和乙炔瓶间必须保证 5 m 以上距离，气瓶与明火间必须保证 10 m 以上防火距离。

钢筋切料机断料时，机械未达到正常转速时不得切料。严禁将双手分在刀片两侧俯身送料。断短料时，手和切刀之间距离应保持 15 cm 以上，当手握端小于 40 cm 时，应采用套管或夹具将钢筋短头压住或夹牢。

吊钩的缺陷严禁焊补。

作业人员必须从专用的通道或爬梯上下，严禁攀登脚手架。攀登的用具、结构构造必须牢固可靠。

同一脚手架中，不同材质、规格的材料不得混用。

严禁立体交叉拆除作业。

人工拆除作业应从上至下，逐层拆除，分段进行。

临时油库设置应符合国家有关消防规定。库区应封闭管理，配足消防设备并设专人看守。严禁在库区存放其他易燃易爆品。

施工现场应按照规定设置防护设施和安全警示标志，并由专人管理。

严禁火烧杂草、树木等。砍伐树木时应设置防护和警示标志，严禁在山坡上重叠伐树作业。

混凝土灌注桩成孔后应及时灌注。未及时灌注的孔应加盖保护并设警示标志。

多机在同一作业面作业时，应设专人指挥，明确指挥信号，相互间保持安全距离。

开挖应自上而下进行，严禁掏底开挖。

挖掘机向运输车辆卸土时，铲斗回转范围内，严禁人员停留或通过。

运输车辆不得超载，严禁人料混载。

桥下应设置安全防护人员，当桥上作业时，严禁人员和车辆进入危险区域。

上下桥墩和在梁上作业时，应配好扶梯，拴好安全带并配备必需的劳保用品。使用料具设备等应吊运传递，不得向下抛掷。

作业人员应配备足够的劳动保护用品；作业中严禁吸烟、携带易燃易爆危险品。

营业线上施工影响原运输区段限界的，必须根据机车车辆限界，制定施工临时限界并按规定上报铁路相关部门审批。施工中搭设的脚手架、堆放的工程材料或机具设备等，严禁侵入施工临时界限。

在设有防护网区段施工，如需临时拆除防护栅栏，必须设专人 24 h 看守，闲杂人员不得进入防护栅栏内。

旧桥墩采用爆破拆除时，应制定安全措施；人工凿除混凝土时，施工人员必须戴护目镜。

砌筑片石锥体护坡时，严禁将片石从上面往下翻滚。

砌筑采用人工抬石就位时，应捆绑牢固，动作一致，缓慢下放。砌块应用撬棍拨移，不得将手脚伸入拼砌面。

隧道施工时，严禁汽油机械进洞，洞内使用柴油机械应安装废气净化装置或掺入柴油净化添加剂。

隧道洞口土石方开挖必须按设计要求进行边、仰坡放线，自上而下分层开挖，分层支护。严禁掏底开挖或上下重叠开挖。

隧道找顶必须在通风后进行，并有专人指挥，照明应有充足的光照度；找顶后必须进行安全确认，合格后其他作业人员方可进入开挖工作面作业。

钻孔作业过程中，必须采用湿式钻孔；严禁在残孔中继续钻孔。

严禁装药与钻孔平行作业。

装渣机械作业时，其回转范围内不得有人通过。

进出隧道人员必须走人行道，不得与机械抢道，严禁扒车、追车或强行搭车。

隧道支护每项工序施工前均应对作业面进行检查，清除松动的岩石和喷射混凝土块。

喷射混凝土作业人员应佩戴防尘口罩、防护眼镜等防护用具，并避免直接接触液体速凝剂，不慎接触后应立即用清水冲洗。

隧道施工时，钢架提升设备应有足够能力，埋设吊点应牢固。架设钢架时应采取防护措施，不得利用装载机作为钢架安装作业平台。

隧道施工时，通风管安装作业台架应稳定牢固，经验收合格后方可使用。

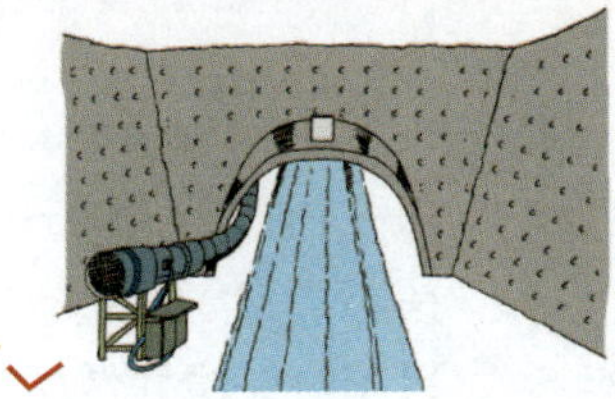

轨道工程施工时，不应客货混装，车未停稳前随车装卸人员严禁上下车。在装卸车的过程中，任何人不得钻车、扒车，不得在车下坐、卧和休息。 装卸车时，料车应停稳并做好防溜。

轨道施工时，起重设备和各种轨道车辆，应有防溜设施，走行线尽头应设车挡和警示标志。

轨枕存放时堆码高度不得超过 14 层，上下保持同位。

钢轨在吊起过程中应步调一致，钢轨下严禁站人，穿行。

装卸道砟时，施工人员不得站，坐于车帮上和两头端板上，严禁站、坐在两车之间。

使用小平车时，任何时候操作人员不应手离小平车，不应在车前拖拉行走。

单轨车和小平车上严禁载人。

采用“工具轨架轨法”施工无砟道床，工具轨卸车时应避免摔跌、撞击、滚落伤人。

轨节装换时，人员不应站在轨节上、轨节车两旁或穿越装龙门架。

有砟道岔岔区遇接触网、高压线、通信线等障碍物，不能满足其安全距离时，不应使用吊机直接铺设道岔。

在接触网没有停电并接地的情况下，禁止到内燃机车和车辆的车顶上进行任何作业，不应用水管冲洗机车车辆。

营业线施工作业人员不应在铁路道心内、轨枕头和线间距小于 5 m 的两线间行走、坐卧。

营业线施工作业人员不应钻车、扒车、跳车或通过车底部、车辆连接处传递料具。

直埋式光电缆敷设应注意：进入光电缆井里放缆时，作业人员进入前应先通风，并确认无有害气体。光电缆井内工作应采取防火、防水及防止高空落物等措施，井口应有专人看守，放光电缆人员距井口距离不应小于 1 m，并扎好安全带。放缆时上下人员应互相呼应，以防发生事故。

人工抬放光电缆时，光电缆不得在硬质地面上拖拉。

铁塔安装作业时，应有统一管理和指挥，塔上、下人员应保证通信畅通。

竖立高柱信号机机柱，在机柱坑未回填及夯实前不得攀登机柱。

在信号机机柱上作业时，必须系好安全带并检查扣环是否扣牢，必须佩戴安全帽。

挖坑作业时，坑边不得放置重物和工具，弃土应距坑边 0.6 m 以外，堆土高度不应超过 1.5 m；深基坑内作业人员必须戴安全帽。

采用人力翻斗车运送砂石料时，前后车应保持一定距离，双手应扶牢车把倒料、严禁双手脱把、防止翻车伤人。

杆塔基坑施工时，若在居民区或交通道路附近挖坑应设遮拦，且夜间应设红色警示灯。

停电检修作业时，应在已停电设备的开关及操作把手上悬挂“禁止合闸，有人工作”的警示牌。

接触网作业车非作业运行时，作业平台不得有人。

攀杆作业时，作业人员应戴好安全帽，扎好安全带，安全带挂于牢固可靠处。

使用爬梯作业时，应保证爬梯上部绑扎牢固，并有专人扶持，梯脚应有防滑措施。

接触网支柱组立时，支柱不得向线路侧倾斜。

接触悬挂调整必须同杆上、下两层作业时，上、下两层作业人员应分别位于支柱的两侧。

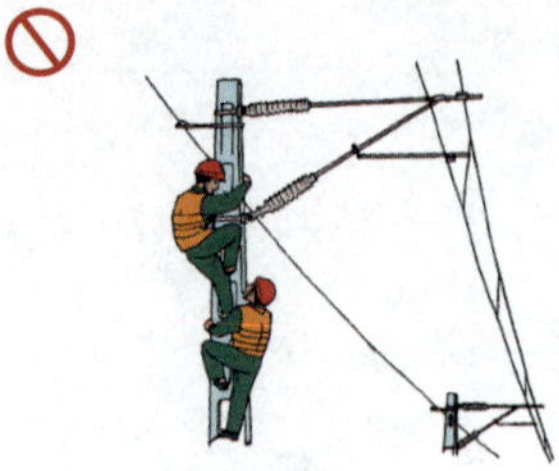

铁路安全管理的方针是什么？ ——安全第一、预防为主、综合治理

（　　）负责全国铁路安全监督管理工作。 ——国务院铁路行业监督管理部门

（　　）负责辖区内的铁路安全监督管理工作。——国务院铁路行业监督管理部门设立的铁路监督管理机构

（　　）和（　　）统称铁路监督管理部门。——国务院铁路行业监督管理部门；铁路监督管理机构

从事铁路建设的单位应加强安全管理，建立健全安全生产管理制度，落实企业安全生产主体责任，设置安全管理机构或者配备安全管理人员，执行保障生产安全和产品质量安全的国家标准、行业标准。

禁止扰乱铁路建设、运输秩序。

铁路建设工程的勘察、设计、施工、监理应当遵守法律、行政法规关于（　）和（　）的规定，执行国家标准、行业标准和技术规范。——建设工程质量；安全管理

铁路建设工程的勘察、设计、施工单位依法对勘察、设计、施工的（　）负责，监理单位依法对施工质量承担（　）责任。——质量；监理

高速铁路和地质构造复杂的铁路建设工程实行（　　）制度。——工程地质勘察监理

铁路建设工程的安全设施应当与主体工程（　）。安全设施投资应当纳入（　）。——同时设计、同时施工、同时投入使用；建设项目概算禁止在地下光（电）缆两侧各 1 m 的范围内挖砂、取土。

铁路建设工程竣工，应当按照国家有关规定组织验收，并由铁路运输企业进行运营安全评估。经验收、评估合格，符合运营安全要求的，方可投入运营。

铁路线路及其邻近区域进行铁路建设工程施工，应当执行铁路营业线施工安全管理规定。

新建、改建设计（　）的铁路，需要与道路交叉的，应当设置立体交叉设施。——开行时速 120 km 以上列车的铁路或者设计运输量达到国务院铁路行业监督管理部门规定的较大运输量标准新建、改建（　），需要与铁路交叉的，应当设置立体交叉设施，并优先选择下穿铁路的方案。——高速公路、一级公路或者城市道路中的快速路

新建、改建高速铁路需要与普通铁路、道路、渡槽、管线等设施交叉的，应当优先选择（　　）方案。——高速铁路上跨新建、改建铁路与既有道路交叉的，由（　　）承担建设费用；道路方要求超过既有道路建设标准建设所增加的费用，由（　　）承担。——铁路方；道路方

新建、改建道路与既有铁路交叉的，由（　）承担建设费用；铁路方要求超过既有铁路线路建设标准建设所增加的费用，由（　）承担。——道路方；铁路方同步建设的铁路和道路需要设置立体交叉设施以及既有铁路道口改造为立体交叉的，由铁路方和道路方按照（　　）建设费用。——公平合理的原则分担

禁止在铁路线路安全保护区内烧荒、放养牲畜、种植影响铁路线路安全和行车瞭望的树木等植物。

禁止向铁路线路安全保护区（　）、（　）以及其他危害铁路安全的物质。——排污；倾倒垃圾

在铁路线路安全保护区内建造建筑物、构筑物等设施，应当征得（　　）同意并签订安全协议，采取措施防止影响铁路运输安全。——铁路运输企业

拆除铁路线路安全保护区内的建筑物和构筑物时，是否需要给予补偿？——答案：见《铁路安全管理条例》第三十一条铁路线路安全保护区内已依法取得的采矿权等合法权利予以限制时，是否给予补偿或者采取补救措施？——答案：见《铁路安全管理条例》第三十一条

高速铁路线路路堤坡脚、路堑坡顶或者铁路桥梁外侧起向外各 200 m 范围内禁止抽取地下水。

禁止在铁路线路上行走、坐卧或者在未设道口、人行过道的铁路线路上通过。

禁止在埋有地下光（电）缆设施的地面上方进行钻探，堆放重物、垃圾，焚烧物品，倾倒腐蚀性物质；

禁止擅自进入铁路线路封闭区域或者在未设置行人通道的铁路桥梁、隧道通行。

《铁路安全管理条例》所称高速铁路，是指设计开行时速 250 km 以上（含预留），并且初期运营时速 200 km 以上的客运列车专线铁路。

年　　月　　日

年　月　日

年　　月　　日

年　　月　　日

年　月　日

年　　月　　日

年　　月　　日

年　月　日

年 月 日

年 月 日

年　　月　　日

年　　月　　日

年　月　日

年　　月　　日

年　　月　　日

年　　月　　日

年　月　日

年　　月　　日

年　　月　　日

年　　月　　日

年　　月　　日

年　　月　　日

年　月　日

年　　月　　日

年　　月　　日

年　　月　　日

年　　月　　日

年　月　日

年　　月　　日

中国铁路总公司
关于认真学习贯彻铁路安全管理条例依法加强铁路安全管理的通知

铁总安监〔2013〕119号

总公司所属各单位，各铁路公司（筹备组），各铁路公安局：

2013年8月17日，国务院总理李克强签署第639号国务院令，发布了《铁路安全管理条例》，将于2014年1月1日起正式施行。《铁路安全管理条例》（以下简称《条例》）的发布，充分体现了党中央、国务院对铁路安全管理工作的高度重视，是铁路安全法制建设的一件大事，对于依法加强铁路安全管理，确保铁路安全，维护人民生命财产安全，具有十分重要的意义。为切实做好《条例》的学习宣传和贯彻落实工作，依法加强铁路安全管理，现有关事项通知如下：

一、充分认识贯彻实施《条例》的重大意义，提高学习宣传贯彻《条例》的自觉性

《条例》对加强铁路安全管理，推进依法行政，保障铁路运输安全和畅通，保护人身安全、财产安全以及其他合法权益，促进铁路运输业和国民经济的健康发展，具有重要的意义。

（一）《条例》的发布实施，充分体现了安全第一、预防为主、综合治理的安全生产方针。铁路作为国家重要交通基础设施和大众化交通工具，是社会公共安全的重点领域，行业安全风险高，铁路安全事关人民群众的生命财产安全，事关社会稳定，事关党和国家工作大局。《条例》强调铁路安全管理要坚持“安全第一、预防为主、综合治理”的方针，明确提出了有关部门和单位的安全管理责任，加大了对建设工程质量和铁路专用设备的安全监管力度，对保障铁路建设质量安全、

高速铁路安全和铁路运输安全作出了明确规定。《条例》的贯彻实施，必将有力地推进铁路安全管理，更好地保障公众生命财产安全，促进铁路安全发展。

（二）《条例》的发布实施，为创造铁路安全环境，实现铁路安全发展目标提供了重要的法规保障。铁路作为国民经济的大动脉，承担着繁重的客货运任务，尤其在主要干线运输能力仍然紧张，以及高速度、高密度和客货并举的运输组织方式下，运输效率与安全的矛盾比较突出，对加强铁路安全管理提出了更高要求。《条例》明确了铁路安全监督管理体制和各部门的职责，体现了权益和责任的结合，不仅要求社会为铁路的安全承担义务，也要求铁路行业对铁路运输安全承担相应责任，从立法角度完善了铁路市场的运营机制和监管体系，为铁路发展创造了必要的安全环境，为铁路运输企业在市场经济体制下搞好铁路运营提供了法规保障。

（三）《条例》的发布实施，为规范和加强铁路安全管理，奠定了重要基础。《条例》作为国务院行政法规，首次从立法角度，对铁路安全管理的职责分工、内部环境、外部环境、监督检查等进行了系统规范。依法对铁路建设和运营中安全管理问题作出明确规定，填补了以往高铁建设、运营只有具体操作办法没有相关行政法规的空白，完善了铁路安全管理的相关制度，使铁路安全管理的总体思路和方式方法更加清晰，给铁路系统规范安全管理、制定与之相配套的安全管理规则、修订相关专业规章制度、完善安全管理体系提供了重要的法规依据。

（四）《条例》的发布实施，对充分发挥各方面积极作用，加强铁路安全综合治理，将起到重要的推动作用。保持铁路安全的相对稳定，除了铁路部门自身努力外，还需要地方各级人民政府、县级以上地方政府有关部门、广大旅客货主以及铁路沿线人民群众和各有关单位积极支持配合，进行综合治理，形成统一协调、责任明确、相互配合的铁路安全管理长效机制。《条例》适应铁路安全发展的需要，围绕明确政府及相关部门保护铁路运输安全的权责，明确铁路运输企业的安全生产主体责任，规定社会公众保护铁路运输安全的义务等方面，增加了很多新内容，必将更有利于充分发挥社会各方面的积极作用，共同维护铁路运输安全。

二、认真把握《条例》的主要内容，切实做好《条例》的贯彻落实工作

《条例》是在2005年国务院发布的《铁路运输安全保护条例》的基础上，结合铁路改革与发展新的实践而进行全面修订的，是铁路安全管理的综合性法规。新《条例》由原《条例》的七章103条增加为八章108条，对铁路建设质量安全、铁路专用设备质量安全、铁路线路安全、铁路运营安全、监督检查以及法律责任等做了全面规定。

（一）明确了铁路安全监督管理体制。根据《国务院机构改革和职能转变方案》，明确了关于铁路监管部门职责的规定。国务院铁路行业监督管理部门负责全国铁路安全监督管理工作，国务院铁路行业监督管理部门设立的铁路监督管理机构负责辖区内的铁路安全监督管理工作。

（二）增加了保障铁路建设质量安全的规定。《条例》设专章对铁路建设质量安全作了规定。一是规定铁路建设工程的勘察、设计、施工、监理以及建设物资、设备的采购，应当依法进行招标。二是明确铁路建

设各参与方的质量安全责任，规定铁路建设工程的勘察、设计、施工、监理应当遵守法律、行政法规关于建设工程质量和安全管理的规定，执行国家标准、行业标准和技术规范，并对勘察、设计、施工的质量负责，建设单位应当对建设工程的质量安全进行监督检查，制作检查记录留存备查。三是要求铁路建设工程的安全设施应当与主体工程同时设计、同时施工、同时投入使用。四是规定铁路建设工程使用的材料、构件、设备等产品，应当符合有关产品质量的强制性国家标准、行业标准。五是明确规定铁路建设工程的建设工期应当根据工程地质条件、技术复杂程度等因素，按照有关规定合理确定、调整，任何单位和个人不得违反规定，要求铁路建设、设计、施工单位压缩建设工期。六是严格竣工验收制度，规定铁路建设工程经验收、评估合格，符合运营安全要求的，方可投入运营。

（三）充实了保障高速铁路安全的规定。《条例》对保障高速铁路安全做出了明确规定。一是根据高速铁路建设对工程地质条件的严格要求，规定对高速铁路建设实行工程地质勘察监理制度，以保证工程地质勘察质量。二是为确保高速铁路运行安全和路外人员人身安全，明确了高速铁路线路安全保护区的范围，并要求设计开行时速１２０公里以上列车的铁路实行全封闭管理。三是针对地下水开采造成的地面沉降危及高速铁路运行安全的突出问题，明确规定高速铁路线路２００米范围内禁止抽取地下水，在此范围外的地面沉降区域，抽取地下水危及高速铁路安全的，应当设置地下水禁止开采区或者限制开采区，具体范围由省、自治区、直辖市人民政府批准并公告。

（四）完善了保障铁路运输安全的规定。《条例》对原《条例》

有关保障铁路运输安全的规定作了修改完善，建立了三项重要制度。一是铁路缺陷产品召回制度。规定对存在安全性缺陷的铁路机车车辆及其他专用设备实行召回制度，由设备制造者负责召回缺陷产品消除缺陷。二是铁路用电安全保障制度。对铁路运输用电保障以及防止超标准排放大气污染物危及电力接触网安全做了专门规定。三是铁路无线电指挥调度系统安全保障制度。《条例》增加了禁止干扰铁路运营指挥调度无线电频率正常使用，保障铁路无线电指挥调度系统安全畅通的相关规定。

三、采取有力措施，切实抓好《条例》的宣传和贯彻

全路各单位、各部门要加强对学习宣传和贯彻《条例》的组织领导，组织广大干部职工认真学习《条例》，利用多种形式在路内外广泛深入地宣传《条例》，营造浓厚氛围，形成全社会共同维护铁路安全的良好局面。

（一）抓好干部职工的学习宣传。要组织广大干部职工特别是各级领导干部、安全监察人员认真学习，掌握《条例》，自觉运用《条例》指导本职工作，规范自身行为。要加强《条例》的宣传解读，采取编写条例释义、学习问答、宣传提纲、宣传图册等形式，利用铁路报刊、广播、电视、网络等媒体广泛宣传解读《条例》的重大意义、重点内容以及总公司有关安全管理工作的部署要求。要把学习贯彻新《条例》纳入“六五”普法计划，深入抓好干部职工的学习宣传。要积极宣传各单位、各部门学习宣传贯彻《条例》的动态情况，交流推广典型经验，发挥示范引导作用。

（二）组织好对外宣传工作。要加强对社会和沿线群众的宣传工

作，利用铁路爱路护路宣传平台，深入铁路沿线重点城镇、乡村、企业、学校以及铁路窗口单位、旅客列车，广泛开展《条例》宣传活动，营造共保铁路安全的良好氛围。抓住《条例》实施契机，通过中央主流媒体、网站及时发布消息，宣传《条例》的重要意义和主要内容，就贯彻落实《条例》进行深度解读，对社会关注的问题作出权威回应。以铁路局为主体，积极组织开展《条例》宣传周活动，通过设置咨询台、发放宣传折页等多种形式，向社会各界深入宣传《条例》；充分运用企业门户网站、铁路官方微博、微信等新媒体平台，加强与公众的互动交流，拓展《条例》宣传的覆盖面和影响力。

（三）加强对贯彻落实《条例》的组织领导。全路各单位要高度重视《条例》的学习宣传和贯彻落实，结合自身实际作出安排部署。各单位主要负责人要组织领导班子进行集中学习研讨，制定贯彻落实措施。要在抓好学习宣传的基础上，逐条对照《条例》，对既有安全管理体系进行全面梳理，修订完善安全管理制度，切实加快推进铁路安全生产和安全管理的法制化、规范化、标准化建设，为实现铁路安全发展奠定坚实基础。

2013年9月29日

中华人民共和国国务院令

第639号

《铁路安全管理条例》已经2013年7月24日国务院第18次常务会议通过，现予公布，自2014年1月1日起施行。

总　理　李克强

2013年8月17日

铁路安全管理条例

第一章　总　　则

第一条　为了加强铁路安全管理，保障铁路运输安全和畅通，保护人身安全和财产安全，制定本条例。

第二条　铁路安全管理坚持安全第一、预防为主、综合治理的方针。

第三条　国务院铁路行业监督管理部门负责全国铁路安全监督管理工作，国务院铁路行业监督管理部门设立的铁路监督管理机构负责辖区内的铁路安全监督管理工作。国务院铁路行业监督管理部门和铁路监督管理机构统称铁路监管部门。

国务院有关部门依照法律和国务院规定的职责，负责铁路安全管理的有关工作。

第四条　铁路沿线地方各级人民政府和县级以上地方人民政府有关部门应当按照各自职责，加强保障铁路安全的教育，落实护路联防责任制，防范和制止危害铁路安全的行为，协调和处理保障铁路安全的有关事项，做好保障铁路安全的有关工作。

第五条　从事铁路建设、运输、设备制造维修的单位应当加强安全管理，建立健全安全生产管理制度，落实企业安全生产主体责任，设置安全管理机构或者配备安全管理人员，执行保障生产安全和产品质量安全的国家标准、行业标准，加强对从业人员的安全教育培训，保证安全生产所必需的资金投入。

铁路建设、运输、设备制造维修单位的工作人员应当严格执行规章制度，实行标准化作业，保证铁路安全。

第六条　铁路监管部门、铁路运输企业等单位应当按照国家有关规定制定突发事件应急预案，并组织应急演练。

第七条　禁止扰乱铁路建设、运输秩序。禁止损坏或者非法占用铁路设施设备、铁路标志和铁路用地。

任何单位或者个人发现损坏或者非法占用铁路设施设备、铁路标志、铁路用地以及其他影响铁路安全的行为，有权报告铁路运输企业，或者向铁路监管部门、公安机关或者其他有关部门举报。接到报告的铁路运输企业、接到举报的部门应当根据各自职责及时处理。

对维护铁路安全作出突出贡献的单位或者个人，按照国家有关规定给予表彰奖励。

第二章　铁路建设质量安全

第八条　铁路建设工程的勘察、设计、施工、监理以及建设物资、设备的采购，应当依法进行招标。

第九条　从事铁路建设工程勘察、设计、施工、监理活动的单位应当依法取得相应资质，并在其资质等级许可的范围内从事铁路工程建设活动。

第十条　铁路建设单位应当选择具备相应资质等级的勘察、设计、施工、监理单位进行工程建设，并对建设工程的质量安全进行监督检查，制作检查记录留存备查。

第十一条　铁路建设工程的勘察、设计、施工、监理应当遵守法律、行政法规关于建设工程质量和安全管理的规定，执行国家标准、行业标准和技术规范。

铁路建设工程的勘察、设计、施工单位依法对勘察、设计、施工的质量负责，监理单位依法对施工质量承担监理责任。

高速铁路和地质构造复杂的铁路建设工程实行工程地质勘察监理制度。

第十二条　铁路建设工程的安全设施应当与主体工程同时设计、同时施工、同时投入使用。安全设施投资应当纳入建设项目概算。

第十三条　铁路建设工程使用的材料、构件、设备等产品，应当符合有关产品质量的强制性国家标准、行业标准。

第十四条　铁路建设工程的建设工期，应当根据工程地质条件、技术复杂程度等因素，按照国家标准、行业标准和技术规范合理确定、调整。

任何单位和个人不得违反前款规定要求铁路建设、设计、施工单位压缩建设工期。

第十五条　铁路建设工程竣工，应当按照国家有关规定组织验收，并由铁路运输企业进行运营安全评估。经验收、评估合格，符合运营安全要求的方可投入运营。

第十六条　在铁路线路及其邻近区域进行铁路建设工程施工，应当执行铁路营业线施工安全管理规定。铁路建设单位应当会同相关铁路运输企业和工程设计、施工单位制定安全施工方案，按照方案进行施工。施工完毕应当及时清理现场，不得影响铁路运营安全。

第十七条　新建、改建设计开行时速１２０公里以上列车的铁路或者设计运输量达到国务院铁路行业监督管理部门规定的较大运输量标准的铁路，需要与道路交叉的，应当设置立体交叉设施。

新建、改建高速公路、一级公路或者城市道路中的快速路，需要与铁路交叉的，应当设置立体交叉设施，并优先选择下穿铁路的方案。

已建成的属于前两款规定情形的铁路、道路为平面交叉的，应当逐步改造为立体交叉。

新建、改建高速铁路需要与普通铁路、道路、渡槽、管线等设施交叉的，应当优先选择高速铁路上跨方案。

第十八条　设置铁路与道路立体交叉设施及其附属安全设施所需费用的承担，按照下列原则确定：

（一）新建、改建铁路与既有道路交叉的，由铁路方承担建设费用；道路方要求超过既有道路建设标准建设所增加的费用，由道路方承担；

（二）新建、改建道路与既有铁路交叉的，由道路方承担建设费用；铁路方要求超过既有铁路线路建设标准建设所增加的费用，由铁路方承担；

（三）同步建设的铁路和道路需要设置立体交叉设施以及既有铁路道口改造为立体交叉的，由铁路方和道路方按照公平合理的原则分担建设费用。

第十九条　铁路与道路立体交叉设施及其附属安全设施竣工验收合格后，应当按照国家有关规定移交有关单位管理、维护。

第二十条　专用铁路、铁路专用线需要与公用铁路网接轨的，应当符合国家有关铁路建设、运输的安全管理规定。

第三章　铁路专用设备质量安全

第二十一条　设计、制造、维修或者进口新型铁路机车车辆，应当符合国家标准、行业标准，并分别向国务院铁路行业监督管理部门申请领取型号合格证、制造许可证、维修许可证或者进口许可证，具体办法由国务院铁路行业监督管理部门制定。

铁路机车车辆的制造、维修、使用单位应当遵守有关产品质量的法律、行政法规以及国家其他有关规定，确保投入使用的机车车辆符合安全运营要求。

第二十二条　生产铁路道岔及其转辙设备、铁路信号控制软件和控制设备、铁路通信设备、铁路牵引供电设备的企业，应当符合下列条件并经国务院铁路行业监督管理部门依法审查批准：

（一）有按照国家标准、行业标准检测、检验合格的专业生产设备；

（二）有相应的专业技术人员；

（三）有完善的产品质量保证体系和安全管理制度；

（四）法律、行政法规规定的其他条件。

第二十三条　铁路机车车辆以外的直接影响铁路运输安全的铁路专用设备，依法应当进行产品认证的，经认证合格方可出厂、销售、进口、使用。

第二十四条　用于危险化学品和放射性物品运输的铁路罐车、专用车辆以及其他容器的生产和检测、检验，依照有关法律、行政法规的规定执行。

第二十五条　用于铁路运输的安全检测、监控、防护设施设备，集装箱和集装化用具等运输器具，专用装卸机械、索具、篷布、装载加固材料或者装置，以及运输包装、货物装载加固等，应当符合国家标准、行业标准和技术规范。

第二十六条　铁路机车车辆以及其他铁路专用设备存在缺陷，即由于设计、制造、标识等原因导致同一批次、型号或者类别的铁路专用设备普遍存在不符合保障人身、财产安全的国家标准、行业标准的情形或者其他危及人身、财产安全的不合理危险的，应当立即停止生产、销售、进口、使用；设备制造者应当召回缺陷产品，采取措施消除缺陷。具体办法由国务院铁路行业监督管理部门制定。

第四章　铁路线路安全

第二十七条　铁路线路两侧应当设立铁路线路安全保护区。铁路线路安全保护区的范围，从铁路线路路堤坡脚、路堑坡顶或者铁路桥梁（含铁路、道路两用桥，下同）外侧起向外的距离分别为：

（一）城市市区高速铁路为10米，其他铁路为8米；

（二）城市郊区居民居住区高速铁路为12米，其他铁路为10米；

（三）村镇居民居住区高速铁路为15米，其他铁路为12米；

（四）其他地区高速铁路为20米，其他铁路为15米。

前款规定距离不能满足铁路运输安全保护需要的，由铁路建设单位或者铁路运输企业提出方案，铁路监督管理机构或者县级以上地方人民政府依照本条第三款规定程序划定。

在铁路用地范围内划定铁路线路安全保护区的，由铁路监督管理机构组织铁路建设单位或者铁路运输企业划定并公告。在铁路用地范围外划定铁路线路安全保护区的，由县级以上地方人民政府根据保障铁路运输安全和节约用地的原则，组织有关铁路监督管理机构、县级以上地方人民政府国土资源等部门划定并公告。

铁路线路安全保护区与公路建筑控制区、河道管理范围、水利工程管理和保护范围、航道保护范围或者石油、电力以及其他重要设施保护区重叠的，由县级以上地方人民政府组织有关部门依照法律、行政法规的规定协商划定并公告。

新建、改建铁路的铁路线路安全保护区范围，应当自铁路建设工程初步设计批准之日起30日内，由县级以上地方人民政府依照本条例的规定划定并公告。铁路建设单位或者铁路运输企业应当根据工程竣工资料进行勘界，绘制铁路线路安全保护区平面图，并根据平面图设立标桩。

第二十八条　设计开行时速120公里以上列车的铁路应当实行全封闭管理。铁路建设单位或者铁路运输企业应当按照国务院铁路行业监督管理部门的规定在铁路用地范围内设置封闭设施和警示标志。

第二十九条　禁止在铁路线路安全保护区内烧荒、放养牲畜、种植影响铁路线路安全和行车瞭望的树木等植物。

禁止向铁路线路安全保护区排污、倾倒垃圾以及其他危害铁路安全的物质。

第三十条　在铁路线路安全保护区内建造建筑物、构筑物等设施，取土、挖砂、挖沟、采空作业或者堆放、悬挂物品，应当征得铁路运输企业同意并签订安全协议，遵守保证铁路安全的国家标准、行业标准和施工安全规范，采取措施防止影响铁路运输安全。铁路运输企业应当派员对施工现场实行安全监督。

第三十一条　铁路线路安全保护区内既有的建筑物、构筑物危及铁路运输安全的，应当采取必要的安全防护措施；采取安全防护措施后仍不能保证安全的，依照有关法律的规定拆除。

拆除铁路线路安全保护区内的建筑物、构筑物，清理铁路线路安全保护区内的植物，或者对他人在铁路线路安全保护区内已依法取得的采矿权等合法权利予以限制，给他人造成损失的，应当依法给予补偿或者采取必要的补救措施。但是，拆除非法建设的建筑物、构筑物的除外。

第三十二条　在铁路线路安全保护区及其邻近区域建造或者设置的建筑物、构筑物、设备等，不得进入国家规定的铁路建筑限界。

第三十三条　在铁路线路两侧建造、设立生产、加工、储存或者销售易燃、易爆或者放射性物品等危险物品的场所、仓库，应当符合国家标准、行业标准规定的安全防护距离。

第三十四条　在铁路线路两侧从事采矿、采石或者爆破作业，应当遵守有关采矿和民用爆破的法律法规，符合国家标准、行业标准和铁路安全保护要求。

在铁路线路路堤坡脚、路堑坡顶、铁路桥梁外侧起向外各1000米范围内，以及在铁路隧道上方中心线两侧各1000米范围内，确需从事露天采矿、采石或者爆破作业的，应当与铁路运输企业协商一致，依照有关法律法规的规定报县级以上地方人民政府有关部门批准，采取安全防护措施后方可进行。

第三十五条　高速铁路线路路堤坡脚、路堑坡顶或者铁路桥梁外侧起向外各200米范围内禁止抽取地下水。

在前款规定范围外，高速铁路线路经过的区域属于地面沉降区域，抽取地下水危及高速铁路安全的，应当设置地下水禁止开采区或者限制开采区，具体范围由铁路监督管理机构会同县级以上地方人民政府水行政主管部门提出方案，报省、自治区、直辖市人民政府批准并公告。

第三十六条　在电气化铁路附近从事排放粉尘、烟尘及腐蚀性气体的生产活动，超过国家规定的排放标准，危及铁路运输安全的，由县级以上地方人民政府有关部门依法责令整改，消除安全隐患。

第三十七条　任何单位和个人不得擅自在铁路桥梁跨越处河道上下游各1000米范围内围垦造田、拦河筑坝、架设浮桥或者修建其他影响铁路桥梁安全的设施。

因特殊原因确需在前款规定的范围内进行围垦造田、拦河筑坝、架设浮桥等活动的，应当进行安全论证，负责审批的机关在批准前应当征求有关铁路运输企业的意见。

第三十八条　禁止在铁路桥梁跨越处河道上下游的下列范围内采砂、淘金：

（一）跨河桥长500米以上的铁路桥梁，河道上游500米，下游3000米；

（二）跨河桥长100米以上不足500米的铁路桥梁，河道上游500米，下游2000米；

（三）跨河桥长不足100米的铁路桥梁，河道上游500米，下游1000米。

有关部门依法在铁路桥梁跨越处河道上下游划定的禁采范围大于前款规定的禁采范围的，按照划定的禁采范围执行。

县级以上地方人民政府水行政主管部门、国土资源主管部门应当按照各自职责划定禁采区域、设置禁采标志，制止非法采砂、淘金行为。

第三十九条　在铁路桥梁跨越处河道上下游各500米范围内进行疏浚作业，应当进行安全技术评价，有关河道、航道管理部门应当征求铁路运输企业的意见，确认安全或者采取安全技术措施后，方可批准进行疏浚作业。但是，依法进行河道、航道日常养护、疏浚作业的除外。

第四十条　铁路、道路两用桥由所在地铁路运输企业和道路管理部门或者道路经营企业定期检查、共同维护，保证桥梁处于安全的技术状态。

铁路、道路两用桥的墩、梁等共用部分的检测、维修由铁路运输企业和道路管理部门或者道路经营企业共同负责，所需费用按照公平合理的原则分担。

第四十一条　铁路的重要桥梁和隧道按照国家有关规定由中国人民武装警察部队负责守卫。

第四十二条　船舶通过铁路桥梁应当符合桥梁的通航净空高度并遵守航行规则。

桥区航标中的桥梁航标、桥柱标、桥梁水尺标由铁路运输企业负责设置、维护，水面航标由铁路运输企业负责设置，航道管理部门负责维护。

第四十三条　下穿铁路桥梁、涵洞的道路应当按照国家标准设置车辆通过限高、限宽标志和限高防护架。城市道路的限高、限宽标志由当地人民政府指定的部门设置并维护，公路的限高、限宽标志由公路管理部门设置并维护。限高防护架在铁路桥梁、涵洞、道路建设时设置，由铁路运输企业负责维护。

机动车通过下穿铁路桥梁、涵洞的道路，应当遵守限高、限宽规定。

下穿铁路涵洞的管理单位负责涵洞的日常管理、维护，防止淤塞、积水。

第四十四条　铁路线路安全保护区内的道路和铁路线路路堑上的道路、跨越铁路线路的道路桥梁，应当按照国家有关规定设置防止车辆以及其他物体进入、坠入铁路线路的安全防护设施和警示标志，并由道路管理部门或者道路经营企业维护、管理。

第四十五条　架设、铺设铁路信号和通信线路、杆塔应当符合国家标准、行业标准和铁路安全防护要求。铁路运输企业、为铁路运输提供服务的电信企业应当加强对铁路信号和通信线路、杆塔的维护和管理。

第四十六条　设置或者拓宽铁路道口、铁路人行过道，应当征得铁路运输企业的同意。

第四十七条　铁路与道路交叉的无人看守道口应当按照国家标准设置警示标志；有人看守道口应当设置移动栏杆、列车接近报警装置、警示灯、警示标志、铁路道口路段标线等安全防护设施。

道口移动栏杆、列车接近报警装置、警示灯等安全防护设施由铁路运输企业设置、维护；警示标志、铁路道口路段标线由铁路道口所在地的道路管理部门设置、维护。

第四十八条　机动车或者非机动车在铁路道口内发生故障或者装载物掉落的，应当立即将故障车辆或者掉落的装载物移至铁路道口停止线以外或者铁路线路最外侧钢轨 5 米以外的安全地点。无法立即移至安全地点的，应当立即报告铁路道口看守人员；在无人看守道口，应当立即在道口两端采取措施拦停列车，并就近通知铁路车站或者公安机关。

第四十九条　履带车辆等可能损坏铁路设施设备的车辆、物体通过铁路道口，应当提前通知铁路道口管理单位，在其协助、指导下通过，并采取相应的安全防护措施。

第五十条　在下列地点，铁路运输企业应当按照国家标准、行业标准设置易于识别的警示、保护标志：

（一）铁路桥梁、隧道的两端；

（二）铁路信号、通信光（电）缆的埋设、铺设地点；

（三）电气化铁路接触网、自动闭塞供电线路和电力贯通线路等电力设施附近易发生危险的地点。

第五十一条　禁止毁坏铁路线路、站台等设施设备和铁路路基、护坡、排水沟、防护林木、护坡草坪、铁路线路封闭网及其他铁路防护设施。

第五十二条　禁止实施下列危及铁路通信、信号设施安全的行为：

（一）在埋有地下光（电）缆设施的地面上方进行钻探，堆放重物、垃圾，焚烧物品，倾倒腐蚀性物质；

（二）在地下光（电）缆两侧各1米的范围内建造、搭建建筑物、构筑物等设施；

（三）在地下光（电）缆两侧各1米的范围内挖砂、取土；

（四）在过河光（电）缆两侧各100米的范围内挖砂、抛锚或者进行其他危及光（电）缆安全的作业。

第五十三条　禁止实施下列危害电气化铁路设施的行为：

（一）向电气化铁路接触网抛掷物品；

（二）在铁路电力线路导线两侧各500米的范围内升放风筝、气球等低空飘浮物体；

（三）攀登铁路电力线路杆塔或者在杆塔上架设、安装其他设施设备；

（四）在铁路电力线路杆塔、拉线周围20米范围内取土、打桩、钻探或者倾倒有害化学物品；

（五）触碰电气化铁路接触网。

第五十四条　县级以上各级人民政府及其有关部门、铁路运输企业应当依照地质灾害防治法律法规的规定，加强铁路沿线地质灾害的预防、治理和应急处理等工作。

第五十五条　铁路运输企业应当对铁路线路、铁路防护设施和警示标志进行经常性巡查和维护；对巡查中发现的安全问题应当立即处理，不能立即处理的应当及时报告铁路监督管理机构。巡查和处理情况应当记录留存。

第五章　铁路运营安全

第五十六条　铁路运输企业应当依照法律、行政法规和国务院铁路行业监督管理部门的规定，制定铁路运输安全管理制度，完善相关作业程序，保障铁路旅客和货物运输安全。

第五十七条　铁路机车车辆的驾驶人员应当参加国务院铁路行业监督管理部门组织的考试，考试合格方可上岗。具体办法由国务院铁路行业监督管理部门制定。

第五十八条　铁路运输企业应当加强铁路专业技术岗位和主要行车工种岗位从业人员的业务培训和安全培训，提高从业人员的业务技能和安全意识。

第五十九条　铁路运输企业应当加强运输过程中的安全防护，使用的运输工具、装载加固设备以及其他专用设施设备应当符合国家标准、行业标准和安全要求。

第六十条　铁路运输企业应当建立健全铁路设施设备的检查防护制度，加强对铁路设施设备的日常维护检修，确保铁路设施设备性能完好和安全运行。

铁路运输企业的从业人员应当按照操作规程使用、管理铁路设施设备。

第六十一条　在法定假日和传统节日等铁路运输高峰期或者恶劣气象条件下，铁路运输企业应当采取必要的安全应急管理措施，加强铁路运输安全检查，确保运输安全。

第六十二条　铁路运输企业应当在列车、车站等场所公告旅客、列车工作人员以及其他进站人员遵守的安全管理规定。

第六十三条　公安机关应当按照职责分工，维护车站、列车等铁路场所和铁路沿线的治安秩序。

第六十四条　铁路运输企业应当按照国务院铁路行业监督管理部门的规定实施火车票实名购买、查验制度。

实施火车票实名购买、查验制度的，旅客应当凭有效身份证件购票乘车；对车票所记载身份信息与所持身份证件或者真实身份不符的持票人，

铁路运输企业有权拒绝其进站乘车。铁路运输企业应当采取有效措施为旅客实名购票、乘车提供便利，并加强对旅客身份信息的保护。铁路运输企业工作人员不得窃取、泄露旅客身份信息。

第六十五条　铁路运输企业应当依照法律、行政法规和国务院铁路行业监督管理部门的规定，对旅客及其随身携带、托运的行李物品进行安全检查。

从事安全检查的工作人员应当佩戴安全检查标志，依法履行安全检查职责，并有权拒绝不接受安全检查的旅客进站乘车和托运行李物品。

第六十六条　旅客应当接受并配合铁路运输企业在车站、列车实施的安全检查，不得违法携带、夹带管制器具，不得违法携带、托运烟花爆竹、枪支弹药等危险物品或者其他违禁物品。

禁止或者限制携带的物品种类及其数量由国务院铁路行业监督管理部门会同公安机关规定，并在车站、列车等场所公布。

第六十七条　铁路运输托运人托运货物、行李、包裹，不得有下列行为：

（一）匿报、谎报货物品名、性质、重量；

（二）在普通货物中夹带危险货物，或者在危险货物中夹带禁止配装的货物；

（三）装车、装箱超过规定重量。

第六十八条　铁路运输企业应当对承运的货物进行安全检查，并不得有下列行为：

（一）在非危险货物办理站办理危险货物承运手续；

（二）承运未接受安全检查的货物；

（三）承运不符合安全规定、可能危害铁路运输安全的货物。

第六十九条　运输危险货物应当依照法律法规和国家其他有关规定使用专用的设施设备，托运人应当配备必要的押运人员和应急处理器材、设备以及防护用品，并使危险货物始终处于押运人员的监管之下；危险货物发生被盗、丢失、泄漏等情况，应当按照国家有关规定及时报告。

第七十条　办理危险货物运输业务的工作人员和装卸人员、押运人员，应当掌握危险货物的性质、危害特性、包装容器的使用特性和发生意外的应急措施。

第七十一条　铁路运输企业和托运人应当按照操作规程包装、装卸、运输危险货物，防止危险货物泄漏、爆炸。

第七十二条　铁路运输企业和托运人应当依照法律法规和国家其他有关规定包装、装载、押运特殊药品，防止特殊药品在运输过程中被盗、被劫或者发生丢失。

第七十三条　铁路管理信息系统及其设施的建设和使用，应当符合法律法规和国家其他有关规定的安全技术要求。

铁路运输企业应当建立网络与信息安全应急保障体系，并配备相应的专业技术人员负责网络和信息系统的安全管理工作。

第七十四条　禁止使用无线电台（站）以及其他仪器、装置干扰铁路运营指挥调度无线电频率的正常使用。

铁路运营指挥调度无线电频率受到干扰的，铁路运输企业应当立即采取排查措施并报告无线电管理机构、铁路监管部门；无线电管理机构、铁路监管部门应当依法排除干扰。

第七十五条　电力企业应当依法保障铁路运输所需电力的持续供应，并保证供电质量。

铁路运输企业应当加强用电安全管理，合理配置供电电源和应急自备电源。

遇有特殊情况影响铁路电力供应的，电力企业和铁路运输企业应当按照各自职责及时组织抢修，尽快恢复正常供电。

第七十六条　铁路运输企业应当加强铁路运营食品安全管理，遵守有关食品安全管理的法律法规和国家其他有关规定，保证食品安全。

第七十七条　禁止实施下列危害铁路安全的行为：

（一）非法拦截列车、阻断铁路运输；

（二）扰乱铁路运输指挥调度机构以及车站、列车的正常秩序；

（三）在铁路线路上放置、遗弃障碍物；

（四）击打列车；

（五）擅自移动铁路线路上的机车车辆，或者擅自开启列车车门、违规操纵列车紧急制动设备；

（六）拆盗、损毁或者擅自移动铁路设施设备、机车车辆配件、标桩、防护设施和安全标志；

（七）在铁路线路上行走、坐卧或者在未设道口、人行过道的铁路线路上通过；

（八）擅自进入铁路线路封闭区域或者在未设置行人通道的铁路桥梁、隧道通行；

（九）擅自开启、关闭列车的货车阀、盖或者破坏施封状态；

（十）擅自开启列车中的集装箱箱门，破坏箱体、阀、盖或者施封状态；

（十一）擅自松动、拆解、移动列车中的货物装载加固材料、装置和设备；

（十二）钻车、扒车、跳车；

（十三）从列车上抛扔杂物；

（十四）在动车组列车上吸烟或者在其他列车的禁烟区域吸烟；

（十五）强行登乘或者以拒绝下车等方式强占列车；

（十六）冲击、堵塞、占用进出站通道或者候车区、站台。

第六章　监督检查

第七十八条　铁路监管部门应当对从事铁路建设、运输、设备制造维修的企业执行本条例的情况实施监督检查，依法查处违反本条例规定的行为，依法组织或者参与铁路安全事故的调查处理。

铁路监管部门应当建立企业违法行为记录和公告制度，对违反本条例被依法追究法律责任的从事铁路建设、运输、设备制造维修的企业予以公布。

第七十九条　铁路监管部门应当加强对铁路运输高峰期和恶劣气象条件下运输安全的监督管理，加强对铁路运输的关键环节、重要设施设备的安全状况以及铁路运输突发事件应急预案的建立和落实情况的监督检查。

第八十条　铁路监管部门和县级以上人民政府安全生产监督管理部门应当建立信息通报制度和运输安全生产协调机制。发现重大安全隐患，铁路运输企业难以自行排除的，应当及时向铁路监管部门和有关地方人民政府报告。地方人民政府获悉铁路沿线有危及铁路运输安全的重要情况，应当及时通报有关的铁路运输企业和铁路监管部门。

第八十一条　铁路监管部门发现安全隐患，应当责令有关单位立即排除。重大安全隐患排除前或者排除过程中无法保证安全的，应当责令从危险区域内撤出人员、设备，停止作业；重大安全隐患排除后方可恢复作业。

第八十二条　实施铁路安全监督检查的人员执行监督检查任务时，应当佩戴标志或者出示证件。任何单位和个人不得阻碍、干扰安全监督检查人员依法履行安全检查职责。

第七章　法律责任

第八十三条　铁路建设单位和铁路建设的勘察、设计、施工、监理单位违反本条例关于铁路建设质量安全管理的规定的，由铁路监管部门依照有关工程建设、招标投标管理的法律、行政法规的规定处罚。

第八十四条　铁路建设单位未对高速铁路和地质构造复杂的铁路建设工程实行工程地质勘察监理，或者在铁路线路及其邻近区域进行铁路建设工程施工不执行铁路营业线施工安全管理规定，影响铁路运营安全的，由铁路监管部门责令改正，处１０万元以上５０万元以下的罚款。

第八十五条　依法应当进行产品认证的铁路专用设备未经认证合格，擅自出厂、销售、进口、使用的，依照《中华人民共和国认证认可条例》的规定处罚。

第八十六条　铁路机车车辆以及其他专用设备制造者未按规定召回缺陷产品，采取措施消除缺陷的，由国务院铁路行业监督管理部门责令改正；拒不改正的，处缺陷产品货值金额１％　以上１０％　以下的罚款；情节严重的，由国务院铁路行业监督管理部门吊销相应的许可证件。

第八十七条　有下列情形之一的，由铁路监督管理机构责令改正，处２万元以上１０万元以下的罚款：

（一）用于铁路运输的安全检测、监控、防护设施设备，集装箱和集装化用具等运输器具、专用装卸机械、索具、篷布、装载加固材料或者装置、运输包装、货物装载加固等，不符合国家标准、行业标准和技术规范；

（二）不按照国家有关规定和标准设置、维护铁路封闭设施、安全防护设施；

（三）架设、铺设铁路信号和通信线路、杆塔不符合国家标准、行业标准和铁路安全防护要求，或者未对铁路信号和通信线路、杆塔进行维护和管理；

（四）运输危险货物不依照法律法规和国家其他有关规定使用专用的设施设备。

第八十八条　在铁路线路安全保护区内烧荒、放养牲畜、种植影响铁路线路安全和行车瞭望的树木等植物，或者向铁路线路安全保护区排污、倾倒垃圾以及其他危害铁路安全的物质的，由铁路监督管理机构责令改正，对单位可以处５万元以下的罚款，对个人可以处2000元以下的罚款。

第八十九条　未经铁路运输企业同意或者未签订安全协议，在铁路线路安全保护区内建造建筑物、构筑物等设施，取土、挖砂、挖沟、采空作业或者堆放、悬挂物品，或者违反保证铁路安全的国家标准、行业标准和施工安全规范，影响铁路运输安全的，由铁路监督管理机构责令改正，可以处10万元以下的罚款。

铁路运输企业未派员对铁路线路安全保护区内施工现场进行安全监督的，由铁路监督管理机构责令改正，可以处3万元以下的罚款。

第九十条　在铁路线路安全保护区及其邻近区域建造或者设置的建筑物、构筑物、设备等进入国家规定的铁路建筑限界，或者在铁路线路两侧建造、设立生产、加工、储存或者销售易燃、易爆或者放射性物品等危险物品的场所、仓库不符合国家标准、行业标准规定的安全防护距离的，由铁路监督管理机构责令改正，对单位处5万元以上20万元以下的罚款，对个人处1万元以上5万元以下的罚款。

第九十一条　有下列行为之一的，分别由铁路沿线所在地县级以上地方人民政府水行政主管部门、国土资源主管部门或者无线电管理机构等依照有关水资源管理、矿产资源管理、无线电管理等法律、行政法规的规定处罚：

（一）未经批准在铁路线路两侧各1000米范围内从事露天采矿、采石或者爆破作业；

（二）在地下水禁止开采区或者限制开采区抽取地下水；

（三）在铁路桥梁跨越处河道上下游各1000米范围内围垦造田、拦河筑坝、架设浮桥或者修建其他影响铁路桥梁安全的设施；

（四）在铁路桥梁跨越处河道上下游禁止采砂、淘金的范围内采砂、淘金；

（五）干扰铁路运营指挥调度无线电频率正常使用。

第九十二条　铁路运输企业、道路管理部门或者道路经营企业未履行铁路、道路两用桥检查、维护职责的，由铁路监督管理机构或者上级道路管理部门责令改正；拒不改正的，由铁路监督管理机构或者上级道路管理部门指定其他单位进行养护和维修，养护和维修费用由拒不履行义务的铁路运输企业、道路管理部门或者道路经营企业承担。

第九十三条　机动车通过下穿铁路桥梁、涵洞的道路未遵守限高、限宽规定的，由公安机关依照道路交通安全管理法律、行政法规的规定处罚。

第九十四条　违反本条例第四十八条、第四十九条关于铁路道口安全管理的规定的，由铁路监督管理机构责令改正，处1000元以上5000元以下的罚款。

第九十五条　违反本条例第五十一条、第五十二条、第五十三条、第七十七条规定的，由公安机关责令改正，对单位处1万元以上5万元以下的罚款，对个人处500元以上2000元以下的罚款。

第九十六条　铁路运输托运人托运货物、行李、包裹时匿报、谎报货物品名、性质、重量，或者装车、装箱超过规定重量的，由铁路监督管理机构责令改正，可以处2000元以下的罚款；情节较重的，处2000元以上2万元以下的罚款；将危险化学品谎报或者匿报为普通货物托运的，处10万元以上20万元以下的罚款。

铁路运输托运人在普通货物中夹带危险货物，或者在危险货物中夹带禁止配装的货物的，由铁路监督管理机构责令改正，处3万元以上20万元以下的罚款。

第九十七条　铁路运输托运人运输危险货物未配备必要的应急处理器材、设备、防护用品，或者未按照操作规程包装、装卸、运输危险货物的，由铁路监督管理机构责令改正，处1万元以上5万元以下的罚款。

第九十八条　铁路运输托运人运输危险货物不按照规定配备必要的押运人员，或者发生危险货物被盗、丢失、泄漏等情况不按照规定及时报告的，由公安机关责令改正，处1万元以上5万元以下的罚款。

第九十九条　旅客违法携带、夹带管制器具或者违法携带、托运烟花爆竹、枪支弹药等危险物品或者其他违禁物品的，由公安机关依法给予治安管理处罚。

第一百条　铁路运输企业有下列情形之一的，由铁路监管部门责令改正，处2万元以上10万元以下的罚款：

（一）在非危险货物办理站办理危险货物承运手续；

（二）承运未接受安全检查的货物；

（三）承运不符合安全规定、可能危害铁路运输安全的货物；

（四）未按照操作规程包装、装卸、运输危险货物。

第一百零一条　铁路监管部门及其工作人员应当严格按照本条例规定的处罚种类和幅度，根据违法行为的性质和具体情节行使行政处罚权，具体办法由国务院铁路行业监督管理部门制定。

第一百零二条　铁路运输企业工作人员窃取、泄露旅客身份信息的，由公安机关依法处罚。

第一百零三条　从事铁路建设、运输、设备制造维修的单位违反本条例规定，对直接负责的主管人员和其他直接责任人员依法给予处分。

第一百零四条　铁路监管部门及其工作人员不依照本条例规定履行职责的，对负有责任的领导人员和直接责任人员依法给予处分。

第一百零五条　违反本条例规定，给铁路运输企业或者其他单位、个人财产造成损失的，依法承担民事责任。

违反本条例规定，构成违反治安管理行为的，由公安机关依法给予治安管理处罚；构成犯罪的，依法追究刑事责任。

第八章　附　　则

第一百零六条　专用铁路、铁路专用线的安全管理参照本条例的规定执行。

第一百零七条　本条例所称高速铁路，是指设计开行时速250公里以上（含预留），并且初期运营时速200公里以上的客运列车专线铁路。

第一百零八条　本条例自2014年1月1日起施行。2004年12月27日国务院公布的《铁路运输安全保护条例》同时废止。

现行铁路工程建设标准目录

（截至时间 2013 年 12 月 31 日）

序号	标准名称	标准号	发布文号
1	铁路旅客车站建筑设计规范	GB/T 50226 — 2007	建设部公告第 665 号
2	Ⅲ、Ⅳ级铁路设计规范	GB 50012 — 2012	住房和城乡建设部公告第 1487 号
3	铁路线路设计规范	GB 50090 — 2006	建设部公告第 418 号
4	铁路车站及枢纽设计规范	GB 50091 — 2006	建设部公告第 419 号
5	铁路工程抗震设计规范（2009 版）	GB 50111 — 2006	建设部公告第 329 号
6	铁路工程结构可靠度设计统一标准	GB 50216 — 94	建标 [1994]570 号
7	铁路工程基本术语标准	GB 50262 — 97	建技 [1997]74 号
8	铁路工程制图标准	TB/T 10058 — 98	铁建设函 [1998]15 号
9	铁路工程制图图形符号标准	TB/T 10059 — 98	铁建设函 [1998]15 号
10	铁路工程地质勘察监理规程	TB/T 10403 — 2004	铁建设 [2005]2 号
11	铁路路基设计规范	TB 10001 — 2005	铁建设 [2005]66 号
12	铁路桥涵设计基本规范	TB 10002.1 — 2005	铁建设 [2005]108 号
13	铁路桥梁钢结构设计规范	TB 10002.2 — 2005	铁建设 [2005]108 号
14	铁路桥涵钢筋混凝土和预应力混凝土结构设计规范	TB 10002.3 — 2005	铁建设 [2005]108 号
15	铁路桥涵混凝土和砌体结构设计规范	TB 10002.4 — 2005	铁建设 [2005]108 号
16	铁路桥涵地基和基础设计规范	TB 10002.5 — 2005	铁建设 [2005]108 号
17	铁路隧道设计规范	TB 10003 — 2005	铁建设 [2005]67 号
18	铁路机务设备设计规范	TB 10004 — 2008	铁建设 [2008]242 号
19	铁路混凝土结构耐久性设计规范	TB 10005 — 2010	铁建设 [2010]255 号
20	铁路运输通信设计规范	TB 10006 — 2005	铁建设 [2005]66 号
21	铁路信号设计规范	TB 10007 — 2006	铁建设 [2006]48 号
22	铁路电力设计规范	TB 10008 — 2007	铁建设 [2007]37 号
23	铁路电力牵引供电设计规范	TB 10009 — 2005	铁建设 [2005]66 号
24	铁路给水排水设计规范	TB 10010 — 2008	铁建设 [2008]243 号
25	铁路房屋建筑设计标准	TB 10011 — 2012	铁建设 [2012]51 号
26	铁路工程地质勘察规范	TB 10012 — 2007	铁建设 [2007]169 号
27	铁路工程物理勘探规范	TB 10013 — 2010	铁建设 [2010]137 号
28	铁路工程地质钻探规程	TB 10014 — 2012	铁建设 [2012]80 号
29	铁路工程节能设计规范	TB 10016 — 2006	铁建设 [2007]38 号
30	铁路工程水文勘测设计规范	TB 10017 — 99	铁建设函 [1999] 157 号
31	铁路工程地质原位测试规程	TB 10018 — 2003	铁建设函 [2003]99 号
32	铁路隧道防灾救援疏散工程设计规范	TB 10020 — 2012	铁建设 [2012]167 号
33	铁路路基支挡结构设计规范	TB 10025 — 2006	铁建设 [2006]118 号
34	铁路光（电）缆传输工程设计规范	TB 10026 — 2000	铁建设函 [2000]172 号
35	铁路工程不良地质勘察规程	TB 10027 — 2012	铁建设 [2012]72 号
36	铁路客车车辆设备设计规范	TB 10029 — 2009	铁建设 [2009]122 号
37	铁路货车车辆设备设计规范	TB 10031 — 2009	铁建设 [2009]121 号
38	铁路无人值守机房环境远程监控系统工程设计规范	TB 10034 — 2005	铁建设 [2005]66 号
39	铁路特殊路基设计规范	TB 10035 — 2006	铁建设 [2006]116 号
40	铁路时分数字程控电话交换工程设计规范	TB 10036 — 2000	铁建设函 [2000]172 号
41	铁路工程特殊岩土勘察规程	TB 10038 — 2012	铁建设 [2012]72 号
42	铁路光伏发电系统及应急柴油发电站设计规范	TB 10039 — 2012	铁建设 [2012]274 号

续上表

序号	标准名称	标准号	发布文号
43	铁路备用柴油发电站设计规范	TB 10039 — 93	铁建设函 [1993]346 号
44	铁路工程地质遥感技术规程	TB 10041 — 2003	铁建设函 [2003]99 号
45	铁路工程水文地质勘察规程	TB 10049 — 2004	铁建设函 [2004]121 号
46	铁路工程摄影测量规范	TB 10050 — 2010	铁建设 [2010]106 号
47	铁路工程卫星定位测量规范	TB 10054 — 2010	铁建设 [2010]107 号
48	铁路房屋暖通空调设计标准	TB 10056 — 98	铁建设函 [1998]253 号
49	铁路车辆运行安全监控系统设计规范	TB 10057 — 2010	铁建设 [2010]25 号
50	铁路数字微波通信工程设计规范	TB 10060 — 99	铁建设函 [1999]69 号
51	铁路工程劳动安全卫生设计规范	TB 10061 — 98	铁建设函 [1998]253 号
52	铁路驼峰及调车场设计规范	TB 10062 — 99	铁建设函 [1999]157 号
53	铁路工程设计防火规范（2012 版）	TB 10063 — 2007	铁建设函 [2007]1369 号
54	铁路站场道路和排水设计规范	TB 10066 — 2000	铁建设函 [2000]445 号
55	铁路站场客货运设备设计规范	TB 10067 — 2000	铁建设函 [2000]445 号
56	铁路隧道运营通风设计规范	TB 10068 — 2010	铁建设函 [2010]160 号
57	铁路驼峰信号设计规范	TB 10069 — 2000	铁建设函 [2000]445 号
58	铁路信号站内联锁设计规范	TB 10071 — 2000	铁建设函 [2000]445 号
59	铁路通信电源设计规范	TB 10072 — 2000	铁建设函 [2000]445 号
60	铁路通信用户接入网设计规范	TB 10073 — 2000	铁建设函 [2000]445 号
61	铁路旅客车站客运信息系统设计规范	TB 10074 — 2007	铁建设函 [2008]44 号
62	铁路电力牵引供电隧道内接触网设计规范	TB 10075 — 2000	铁建设函 [2000]445 号
63	铁路枢纽电力牵引供电设计规范	TB 10076 — 2000	铁建设函 [2000]445 号
64	铁路工程岩土分类标准	TB 10077 — 2001	铁建设 [2001]90 号
65	铁路工业站、港湾站设计规范	TB 10078 — 2001	铁建设 [2001]90 号
66	铁路电力牵引变电所所用电系统设计规范	TB 10080 — 2002	铁建设 [2002]24 号
67	铁路轨道设计规范	TB 10082 — 2005	铁建设 [2005]66 号
68	铁路旅客车站无障碍设计规范	TB 10083 — 2005	铁建设 [2005]105 号
69	铁路天然建筑材料工程地质勘察规程	TB 10084 — 2007	铁建设 [2007]155 号
70	铁路图像通信设计规范	TB 10085 — 2009	铁建设 [2009]165 号
71	铁路数字调度通信系统及专用无线通信系统设计规范	TB 10086 — 2009	铁建设 [2009]164 号
72	铁路数据通信网设计规范	TB 10087 — 2010	铁建设 [2010]3 号
73	铁路工程测量规范	TB 10101 — 2009	铁建设 [2009]195 号
74	铁路工程土工试验规程	TB 10102 — 2010	铁建设 [2010]224 号
75	铁路工程岩土化学分析规程	TB 10103 — 2008	铁建设 [2009]6 号
76	铁路工程水质分析规程	TB 10104 — 2003	铁建设函 [2003]99 号
77	改建铁路工程测量规范	TB 10105 — 2009	铁建设 [2009] 197 号
78	铁路工程地基处理技术规程	TB 10106 — 2010	铁建设 [2010]126 号
79	铁路路基填筑工程连续压实控制技术规程	TB 10108 — 2011	铁建设 [2011]163 号
80	铁路隧道辅助坑道技术规范	TB 10109 — 95	铁建设函 [1995]95 号
81	铁路混凝土梁支架法现浇施工技术规程	TB 10110 — 2011	铁建设 [2011]156 号
82	铁路电力牵引供电自耦变压器方式技术规范	TB 10111 — 94	铁建设函 [1994]469 号
83	铁路工程岩石试验规程	TB 10115 — 98	铁建设函 [1998]15 号
84	铁路供电调度系统设计规范	TB 10117 — 2008	铁建设 [2008]86 号
85	铁路路基土工合成材料应用设计规范	TB 10118 — 2006	铁建设 [2006]117 号
86	铁路瓦斯隧道技术规范	TB 10120 — 2002	铁建设 [2002]24 号
87	铁路隧道监控量测技术规程	TB 10121 — 2007	铁建设 [2007]138 号
88	铁路路堑边坡光面（预裂）爆破技术规程	TB 10122 — 2008	铁建设 [2008]120 号
89	铁路钢桥制造规范	TB 10212 — 2009	铁建设函 [2009]96 号

续上表

序号	标准名称	标准号	发布文号
90	铁路工程基桩检测技术规程	TB 10218 — 2008	铁建设 [2008]85 号
91	铁路隧道衬砌质量无损检测规程	TB 10223 — 2004	铁建设 [2004]121 号
92	铁路工程基本作业施工安全技术规程	TB 10301 — 2009	铁建设 [2009]181 号
93	铁路路基工程施工安全技术规程	TB 10302 — 2009	铁建设 [2009]181 号
94	铁路桥涵工程施工安全技术规程	TB 10303 — 2009	铁建设 [2009]181 号
95	铁路隧道工程施工安全技术规程	TB 10304 — 2009	铁建设 [2009]181 号
96	铁路轨道工程施工安全技术规程	TB 10305 — 2009	铁建设 [2009]181 号
97	铁路通信、信号、电力、电力牵引供电工程施工安全技术规程	TB 10306 — 2009	铁建设 [2009]181 号
98	铁路建设工程监理规范	TB 10402 — 2007	铁建设 [2007]136 号
99	铁路轨道工程施工质量验收标准	TB 10413 — 2003	铁建设 [2003]127 号
100	铁路路基工程施工质量验收标准	TB 10414 — 2003	铁建设 [2003]127 号
101	铁路桥涵工程施工质量验收标准	TB 10415 — 2003	铁建设 [2003]127 号
102	铁路隧道工程施工质量验收标准	TB 10417 — 2003	铁建设 [2003]127 号
103	铁路运输通信工程施工质量验收标准	TB 10418 — 2003	铁建设 [2003]127 号
104	铁路信号工程施工质量验收标准	TB 10419 — 2003	铁建设 [2003]127 号
105	铁路电力工程施工质量验收标准	TB 10420 — 2003	铁建设 [2003]127 号
106	铁路电力牵引供电工程施工质量验收标准	TB 10421 — 2003	铁建设 [2003]127 号
107	铁路给水排水工程施工质量验收标准	TB 10422 — 2011	铁建设 [2011]52 号
108	铁路站场工程施工质量验收标准	TB 10423 — 2003	铁建设 [2003]127 号
109	铁路混凝土工程施工质量验收标准	TB 10424 — 2010	铁建设 [2010]240 号
110	铁路混凝土强度检验评定标准	TB 10425 — 94	铁建设函 [1994]76 号
111	铁路工程结构混凝土强度检测规程	TB 10426 — 2004	铁建设函 [2004]121 号
112	铁路旅客车站服务信息系统工程施工质量验收标准	TB 10427 — 2011	铁建设 [2011]90 号
113	铁路声屏障工程施工质量验收标准	TB 10428 — 2012	铁建设 [2012]294 号
114	铁路建设项目现场管理规范	TB 10441 — 2008	铁建设 [2008]198 号
115	铁路建设项目工程试验室管理标准	TB 10442 — 2009	铁建设 [2009]151 号
116	铁路建设项目资料管理规程	TB 10443 — 2010	铁建设 [2010]4 号
117	铁路工程环境保护设计规范	TB 10501 — 98	铁建设函 [1998]253 号
118	铁路建设项目预可行性研究、可行性研究和设计文件编制办法	TB 10504 — 2007	铁建设 [2007]152 号
119	高速铁路工程测量规范	TB 10601 — 2009	铁建设 [2009] 196 号
120	高速铁路设计规范（试行）	TB 10621 — 2009	铁建设 [2009]209 号
121	高速铁路路基工程施工质量验收标准	TB 10751 — 2010	铁建设 [2010]240 号
122	高速铁路桥涵工程施工质量验收标准	TB 10752 — 2010	铁建设 [2010]240 号
123	高速铁路隧道工程施工质量验收标准	TB 10753 — 2010	铁建设 [2010]240 号
124	高速铁路轨道工程施工质量验收标准	TB 10754 — 2010	铁建设 [2010]240 号
125	高速铁路通信工程施工质量验收标准	TB 10755 — 2010	铁建设 [2010]240 号
126	高速铁路信号工程施工质量验收标准	TB 10756 — 2010	铁建设 [2010]240 号
127	高速铁路电力工程施工质量验收标准	TB 10757 — 2010	铁建设 [2010]240 号
128	高速铁路电力牵引供电工程施工质量验收标准	TB 10758 — 2010	铁建设 [2010]240 号
129	铁路无缝线路设计规范	TB 10015 — 2012	铁建设 [2013]47 号
130	中华人民共和国工程建设标准强制性条文：铁道工程部分 2013 年版		建标 [2013]34 号
131	铁路污水处理工程设计规范	TB 10079 — 2013	铁建设 [2013]15 号
132	高速铁路工程静态验收技术规范	TB 10760 — 2013	铁建设 [2013]44 号

续上表

序号	标准名称	标准号	发布文号
133	高速铁路工程动态验收技术规范	TB 10761 — 2013	铁建设［2013］45 号
134	铁路钢桥高强度螺栓连接施工规定	TBJ 214 — 92	铁建设函［1992］276 号
135	铁路结合梁设计规定	TBJ 24 — 89	铁建［1989］161 号
136	客货共线铁路电力牵引供电工程施工技术指南	TZ 10208 — 2008	经规标准［2008］30 号
137	客货共线铁路轨道工程施工技术指南	TZ 201 — 2008	经规标准［2008］176 号
138	客货共线铁路路基工程施工技术指南	TZ 202 — 2008	经规标准［2008］176 号
139	客货共线铁路桥涵工程施工技术指南	TZ 203 — 2008	经规标准［2008］176 号
140	铁路隧道工程施工技术指南	TZ 204 — 2008	经规标准［2008］176 号
141	铁路通信工程施工技术指南	TZ 205 — 2009	经规标准［2009］2 号
142	客货共线铁路信号工程施工技术指南	TZ 206 — 2007	经规标准［2007］158 号
143	铁路电力工程施工技术指南	TZ 207 — 2007	经规标准［2007］164 号
144	铁路给水排水施工技术指南	TZ 209 — 2009	经规标准［2009］73 号
145	铁路后张法混凝土梁预制场建设技术指南	TZ 321 — 2009	经规标准［2009］138 号
146	铁路桥梁钻孔桩施工技术指南	TZ 322 — 2010	经规标准［2010］42 号
147	铁路移动模架制梁施工技术指南	TZ 323 — 2010	经规标准［2010］42 号
148	铁路预应力混凝土连续梁（刚构）悬臂浇筑施工技术指南	TZ 324 — 2010	经规标准［2010］42 号
149	铁路隧道防排水施工技术指南	TZ 331 — 2009	经规标准［2009］73 号
150	铁路电力牵引供电接触网支柱施工作业指南	TZ 371 — 2009	经规标准［2009］266 号
151	改建既有线和增建第二线铁路工程施工技术暂行规定	无	铁建设［2008］14 号
152	高速铁路电力工程施工技术指南	无	铁建设［2010］241 号
153	高速铁路电力牵引供电工程施工技术指南	无	铁建设［2010］241 号
154	高速铁路轨道工程施工技术指南	无	铁建设［2010］241 号
155	高速铁路路基工程施工技术指南	无	铁建设［2010］241 号
156	高速铁路桥涵工程施工技术指南	无	铁建设［2010］241 号
157	高速铁路隧道工程施工技术指南	无	铁建设［2010］241 号
158	高速铁路通信工程施工技术指南	无	铁建设［2010］241 号
159	高速铁路信号工程施工技术指南	无	铁建设［2010］241 号
160	客货共线线铁路工程竣工验收动态检测指导意见	无	铁建设［2008］133 号
161	客运专线铁路无碴轨道铺设条件评估技术指南	无	铁建设［2006］158 号
162	青藏铁路高原多年冻土区房屋建筑保温和防水工程质量验收标准	无	铁建设［2004］149 号
163	青藏铁路高原多年冻土区给水排水及房屋建筑工程质量验收评定及验收标准（试行）	无	建技［2002］64 号
164	青藏铁路高原多年冻土区工程设计暂行规定（上册）	无	铁建设［2003］18 号
165	青藏铁路高原多年冻土区工程设计暂行规定（下册）	无	建技［2002］79 号
166	青藏铁路高原多年冻土区工程施工暂行规定（上册）	无	建技［2003］13 号
167	青藏铁路高原多年冻土区工程施工暂行规定（下册）	无	铁建设函［2005］243 号
168	青藏铁路高原多年冻土区工程施工质量验收暂行标准（下册）	无	铁建设函［2005］243 号
169	青藏铁路高原多年冻土区路基工程质量检验评定及验收标准（试行）	无	建技［2002］18 号
170	青藏铁路高原多年冻土区桥涵工程质量检验评定及验收标准（试行）	无	建技［2002］18 号
171	青藏铁路高原多年冻土区隧道工程质量检验评定及验收标准（试行）	无	建技［2002］8 号

续上表

序号	标准名称	标准号	发布文号
172	青藏铁路高原多年冻土区铁路工程勘察规程暂行规定（试行）	无	铁建设 [2001]32 号
173	铁路 GSM-R 数字移动通信工程施工质量验收暂行标准	无	铁建设 [2007]163 号
174	铁路 GSM-R 数字移动通信系统工程设计暂行规定	无	铁建设 [2007]92 号
175	铁路边坡防护及防排水工程管理补充规定	无	铁建设 [2009]172 号
176	铁路边坡防护及防排水工程设计补充规定	无	铁建设 [2009]172 号
177	铁路边坡防护及防排水工程施工质量验收补充规定	无	铁建设 [2009]172 号
178	铁路大断面隧道三台阶七步开挖法施工作业指南（试行）	无	经规标准 [2007]119 号
179	铁路大型临时工程和过渡工程设计暂行规定	无	铁建设 [2008]189 号
180	铁路动车组设备设计暂行规定	无	铁建设 [2007]89 号
181	铁路防雷、电磁兼容及接地工程技术暂行规定	无	铁建设 [2007]39 号
182	铁路给水排水工程施工机械配置指导意见	无	铁建设 [2012]113 号
183	铁路工程试验表格	无	铁建设函 [2009]27 号
184	铁路混凝土拌和站机械配置指导意见	无	铁建设 [2012]113 号
185	铁路混凝土工程钢筋机械连接技术暂行规定	无	铁建设 [2010]41 号
186	铁路混凝土工程施工技术指南	无	铁建设 [2010]241 号
187	铁路货运中心设计暂行规定	无	铁建设 [2008]58 号
188	铁路架桥机架梁暂行规程	无	铁建设 [2006]181 号
189	铁路建设项目现场安全文明标志	无	建技 [2009]44 号
190	铁路军运设施设计规定	无	铁基 [1989]56 号
191	铁路列车调度指挥及调度集中系统设计暂行规定	无	铁建设 [2007]205 号
192	铁路路基工程施工机械配置指导意见	无	铁建设 [2012]113 号
193	铁路桥梁施工机械配置指导意见	无	铁建设 [2010]125 号
194	铁路桥隧守护设施设计规范	无	铁建设函 [1998]160 号
195	铁路隧道超前地质预报技术指南	无	铁建设 [2008]105 号
196	铁路隧道风险评估与管理暂行规定	无	铁建设 [2007]200 号
197	铁路隧道全面断面岩石掘进机法技术指南	无	铁建设 [2007]106 号
198	铁路隧道施工机械配置的指导意见	无	铁建设函 [2008]777 号
199	铁路隧道施工抢险救援指导意见	无	铁建设 [2010]88 号
200	铁路通信、信号、电力、电力牵引供电施工机械配置指导意见	无	铁建设 [2012]113 号
201	铁路无砟轨道施工机械配置指导意见	无	铁建设 [2012]113 号
202	铁路信号 ZPW-2000 轨道电路工程施工技术指南	无	经规标准 [2011]86 号
203	铁路有砟轨道施工机械配置指导意见	无	铁建设 [2012]113 号
204	新建时速 200 ～ 250 公里客运专线铁路设计暂行规定	无	铁建设 [2005]140 号
205	新建时速 200 公里客货共线铁路工程施工质量验收暂行标准	无	铁建设 [2004]8 号
206	新建时速 200 公里客货共线铁路设计暂行规定	无	铁建设函 [2005]285 号
207	新建铁路工程项目用地指标	无	建标 [2008]232 号
208	有砟轨道铁路铺砟整道施工作业指南	无	铁建设 [2009]141 号
209	铁路自然灾害及异物侵限监测系统工程设计暂行规定	无	铁总建设 [2013]86 号
210	新建时速 200 公里客货共线有砟轨道铁路轨道控制网测设补充规定	无	铁总建设 [2013]88 号
211	铁路工程绿色通道建设指南	无	铁总建设 [2013]94 号